LE MARQUIS

DE

QUEUX DE SAINT-HILAIRE

TYPOGRAPHIE FIRMIN-DIDOT. — MESNIL (EURE).

D. BIKÉLAS

NOTICE

SUR

LE MARQUIS

DE

QUEUX DE SAINT-HILAIRE

SUIVIE

DES DISCOURS PRONONCÉS A SES OBSÈQUES

ET D'AUTRES HOMMAGES RENDUS A SA MÉMOIRE

ΜΝΗΜΟΣΥΝΟΝ

PARIS

LIBRAIRIE DE FIRMIN-DIDOT ET Cie

IMPRIMEURS DE L'INSTITUT, RUE JACOB, 56

1890

LE MARQUIS

DE

QUEUX DE SAINT-HILAIRE [1]

I

Les passants qui, par la froide matinée du 3 décembre 1889, voyaient le convoi allant de la rue Soufflot à l'église Saint-Étienne-du-Mont, s'arrêtaient sur les trottoirs avec curiosité. Étonnés de reconnaître, parmi la foule d'élite qui suivait ce convoi, tant de célébrités dans le monde des lettres et des arts, sans toutefois y voir ni habits à palmes vertes, ni robes universitaires, ils demandaient qui était ce mort si honoré, qui n'appartenait pas à l'Institut ou aux Facultés, et qui n'était pas même décoré. Voyant la tristesse peinte sur tous les visages, ils demandaient encore s'il

(1) Cette notice a été lue à la séance du 6 mars 1890 de l'Association pour l'encouragement des Études grecques en France.

avait laissé une famille nombreuse. Et les gens du quartier répondaient que c'était un vieux célibataire — car on passe déjà pour vieux quand on a dépassé la cinquantaine — et ils ajoutaient que ce n'était point par égard pour des parents que tout ce monde était venu accompagner cet ami à son départ sans retour.

Elle était bien sincère la tristesse causée par la nouvelle inattendue de la mort du marquis de Queux de Saint-Hilaire. On le savait de santé délicate. Ses amis remarquaient que, depuis deux ou trois ans, sa haute taille s'était un peu voûtée, que sa figure, si fine et si expressive, trahissait la fatigue; mais il était si plein de vie et d'activité, il y avait toujours tant de gaîté dans sa conversation animée et charmante, que l'on ne pouvait point se figurer que sa fin dût être si proche. Lui-même, il n'en avait point le pressentiment, quoiqu'il envisageât sans crainte l'idée de la mort. Depuis la perte de sa mère, il n'avait plus les mêmes raisons d'aimer la vie. Heureusement, il avait encore, pour s'y rattacher et pour en jouir noblement, l'amour de tout ce qui est beau et bien, et les amitiés sincères et dévouées qu'il savait inspirer.

Il aimait le monde. Ceux qui avaient la bonne fortune de l'approcher se laissaient gagner par le charme de sa personne. Une fois connu, on avait le désir de le voir encore. Plus on le fréquentait, plus on découvrait en lui de qualités et plus on s'attachait à lui. Il était de ces hommes au contact desquels on se sent devenir soi-même meilleur. La grâce et l'élégance de ses manières, l'attrait de sa causerie, l'étendue et la variété de ses connaissances, ses goûts éminemment artistiques étaient rehaussés par la droiture de son caractère, par l'élévation de son âme et par la bonté de son cœur. Et il n'avait pas la bonté banale et facile qui consiste à sentir ou à montrer de la pitié pour ceux qui en ont besoin; il possédait cette bonté, plus rare, qui fait que l'on se réjouit du bonheur des autres, que l'on partage leur joie et que l'on est heureux d'y pouvoir contribuer. Il ne s'épargnait aucune peine pour se rendre utile, il ne refusait jamais ses services, sans s'attendre d'ailleurs à cette récompense aléatoire qui consiste dans la reconnaissance. Il faisait le bien pour le bien. Ceux qu'il croyait mériter soit une situation, soit un avancement, soit des honneurs, — les jeunes surtout qui ont besoin d'un coup d'épaule dans leurs premiers pas dans la vie, — trouvaient en lui un avocat empressé, aussi chaleureux que persuasif. Ce qu'il ne pouvait faire de lui-même, il le sollicitait des autres, d'autant plus facilement qu'il n'avait jamais rien demandé pour lui. Et tout cela dans un esprit large, libre de préjugés. Sincèrement catholique, la différence de religion ne l'empêchait point de découvrir ce qu'il pouvait y avoir de bon chez ceux qui professaient une autre foi; légitimiste convaincu, il ne refusait point son estime et ses sympathies à des républicains sincères. Il ne dissimulait pas ses convictions, mais il savait respecter celles des autres. Il avait l'art d'être toujours franc sans jamais blesser personne. Il y avait en lui cette combinaison heureuse de qualités naturelles et acquises qui se résument si bien dans la qualité d' « honnête homme ». C'était, comme on l'a si bien dit avant moi, un vrai gentilhomme français.

II

Gentilhomme, il l'était de race. Il appartenait à l'une des plus anciennes familles de la Saintonge, dont il pouvait retracer l'histoire jusqu'au XIIe et au XIIIe siècle. Un de ses ancêtres, Guillaume Le Queux, ancien sergent d'armes de Richard Cœur-de-Lion, fut nommé par Philippe-Auguste gouverneur de la ville de Niort. Ses descendants s'établirent à La Rochelle et y remplirent, au XVe et au XVIe siècle, les premières charges municipales. Adam Le Queux, conseiller d'État, fut employé, par Charles VII, à diverses négociations en Espagne et en Écosse. Olivier Le Queux fut, au siècle suivant, appelé, à plusieurs reprises, à la tête de la commune de La Rochelle. Du fils de celui-ci sont sortis les seigneurs de Saint-Hilaire, en Soubise, qui se signalèrent comme partisans de Henri de Rohan, leur suzerain, pendant les guerres religieuses du commencement du XVIIe siècle. C'est à partir de ce siècle que le nom patronymique de cette famille, qui était anciennement *Le* Queux, devint *de* Queux, avec l'addition du nom de leur terre de Saint-Hilaire. Les de Queux de Saint-Hilaire fournirent à la marine royale plusieurs officiers distingués. L'un d'eux, Jacques de Queux, s'allia à la nièce du célèbre Abraham Duquesne. Le grand-père de notre ami, mort capitaine de vaisseau, le 29 avril 1779, avait été gratifié du titre de marquis dans un brevet à lui adressé par le roi.

On a beau être imprégné des principes égalitaires du XIXe siècle et des idées libérales de nos sociétés démocratiques, il y a quelque plaisir à pouvoir faire remonter ainsi à un passé lointain ses traditions de famille. Ni dans ses paroles, ni dans ses façons, toujours simples et affables, le marquis de Saint-Hilaire ne laissait jamais percer aucune prétention de ses origines aristocratiques. Cependant, il n'en devait pas moins ressentir, dans le fond de son âme, la satisfaction d'être le représentant d'une race dont le nom avait été porté dignement par tant de générations successives. Ce sentiment dut être encore plus vif lorsque, durant les dernières années de sa vie, il put se retrouver possesseur du domaine de Saintonge, celui-là même où ses ancêtres avaient vécu.

Pendant la tourmente de la révolution, sa famille s'était vue obligée de se dessaisir de cette terre. Le père du marquis, Philippe-Alexandre de Queux, né en 1766, était entré au régiment d'Auxerrois en sortant de l'École militaire de Paris. Capitaine et aide de camp du général Kerenveyer, il avait fait la campagne de 1792-1793 et avait été blessé à la bataille de Roesbrugghe, près d'Honschoote. Suspendu, comme officier de l'ancien régime, et interné à Amiens, il fixa, après le 9 thermidor, sa résidence à Dunkerque où il s'était marié. Il sut se faire dans cette ville une haute situation et en devint maire en l'an VII. L'année suivante, il fut nommé sous-préfet d'Hazebrouck. De 1811 à 1822, il fut, sans interruption, député au Corps législatif, sous l'Empire, et à la Chambre, sous la Restauration. Nommé de nouveau sous-préfet d'Hazebrouck, il fut révoqué en 1823, pour avoir fait de l'opposition au ministère. Réintégré, en 1830, dans ses anciennes fonctions de sous-préfet, il fut, en 1843, mis à la retraite. En récompense de ses longs services, il avait reçu successivement la croix de chevalier, puis celle d'officier de la Légion d'honneur. Comme témoignage de reconnaissance, les populations qu'il avait pendant si longtemps administrées lui offrirent, à la suite d'une souscription publique, une coupe d'argent ciselé (1).

Resté veuf de son premier mariage, il épousa en secondes noces, en 1831, Stéphanie-Marie-Louise, fille de M. Coffyn-Maerten, appartenant à une des plus honorables familles de Dunkerque. De ce second mariage naquit, le 2 mars 1837, le dernier de quatre enfants, dont les trois premiers moururent en bas âge, Auguste-Henry-Édouard, marquis de Queux de Saint-Hilaire.

Sa première enfance se passa dans cette Flandre française, qui n'est géographiquement que la continuation des Pays-Bas. C'est toujours la même plaine défendue contre la mer, coupée de canaux, transformée à force de travail patient en pays de grande culture et de riches pâturages. Le marquis conserva toujours les goûts nés de ses impressions d'enfance.

(1) Je dois ces renseignements à mon savant ami M. Denys d'Aussy, du château de Crazannes, en Saintonge, dont la compétence en tout ce qui regarde l'histoire de sa province est bien connue. On trouvera une très intéressante notice nécrologique sur le marquis De Queux de Saint-Hilaire (Philippe-Alexandre) dans le *Biographe et l'Historien, Revue générale historique, biographique*, etc., neuvième année, deuxième série, 1855. Voir aussi une excellente notice nécrologique sur M. de Saint-Hilaire, insérée dans le n° du 1er janvier 1890 de la *Revue de Saintonge et d'Aunis*.

Il admirait les pays de montagnes, mais il ne se sentait vraiment heureux que dans ces pays plats, dont l'horizon sans fin est rarement marqué par quelque légère élévation de terrain, et à travers lesquels le vent passe, humide encore de l'Océan voisin. Il aimait sa petite ville natale d'Hazebrouck, dont les rues paisibles sont traversées, sans hâte et sans bruit, par leurs non moins paisibles habitants. Il se sentait chez lui au milieu de ces Français du Nord, qui, par plus d'un point, sont toujours restés de vrais Flamands.

Le poète anglais l'a bien dit : « L'enfant est le père de l'homme » (1). Mais si de ces premières influences du milieu il est resté chez M. de Saint-Hilaire le côté pratique et sérieux qui faisait le fond solide de son caractère, il y avait aussi en lui la vivacité des régions plus méridionales dont sa famille paternelle était originaire. Du mélange heureux de ces deux courants a été formé ce parfait Parisien que nous avons connu et aimé.

Son père étant mort en avril 1847, sa mère prit le parti de venir s'établir à Paris pour y élever le seul enfant qui lui restait, alors âgé de dix ans. Afin d'être aussi près que possible de Sainte-Barbe, où elle le plaça, elle se logea dans la maison de la rue Soufflot, où la mère et le fils ont, depuis, passé toute leur vie. Le marquis disait en riant que, si l'on tenait compte de la dépense de déménagement épargnée à chaque renouvellement du bail, le loyer de l'appartement lui revenait à zéro. Seulement, il oubliait ce que cette fixité de demeure lui avait coûté d'argent, en encourageant ses

(1) Wordsworth, *The child is father to the man.*

goûts de collectionneur. Il serait difficile d'énumérer tout ce qui s'est entassé dans cet appartement durant les quarante années qu'il y a vécu. Des livres, il y en avait partout, même après les envois nombreux qui ont servi à l'installation de sa belle bibliothèque du château de Saint-Hilaire (1), où l'espace ne lui manquait pas. Des tableaux et des objets d'art, il aurait été difficile de trouver où en placer encore. Et puis, dans les coins, sous les meubles, dans les tiroirs, des gravures, des autographes, des médailles, des manuscrits. Outre une bibliothèque musicale très riche, il possédait de beaux instruments, parmi lesquels un violon Stradivarius, ainsi que des archets de grand prix. Il s'était, de plus, formé une précieuse collection d'autographes de musiciens célèbres, comprenant des lettres ainsi que des manuscrits musicaux. Quelques mois avant sa mort, il avait fait don à la Bibliothèque Nationale d'une autre collection de vieux manuscrits français et latins, parmi lesquels se trouvent quelques pièces d'une grande valeur. L'intérêt qu'il prenait à la Grèce l'avait poussé à rassembler tout ce qu'il rencontrait dans les ventes de lettres de Coray ou d'autres savants grecs, ainsi que de documents ayant trait à l'époque de la révolution grecque de 1821 (2). Des souvenirs rapportés de ses nombreux voyages, ou offerts par des amis, venaient encore s'ajouter à cet encombrement plein d'attrait. Toute cette agglomération d'objets aimés faisait qu'ils s'attachaient de plus en plus à

(1) Par son testament, M. de Saint-Hilaire a légué cette bibliothèque à la ville de Rochefort.

(2) Cette collection a été léguée par M. de Saint-Hilaire à l'Université d'Athènes.

cette maison, lui et sa mère. Elle est morte là, en juillet 1883. La maison n'en devint que plus chère à son fils. Il fit de la chambre de sa mère la sienne ; il couchait dans le lit où elle rendit le dernier soupir ; c'est là qu'il désirait, lui aussi, mourir, et ce désir pieux a été exaucé.

Jamais fils n'a été plus dévoué. Sa mère fut pour lui l'objet d'une véritable adoration. Morte, il en a toujours porté le deuil. Femme d'une intelligence supérieure et d'une grande fermeté de caractère, très instruite elle-même, la marquise s'était imposé la tâche de faire de son fils un homme instruit et accompli. Par un sentiment de prévoyance, dont notre ami n'a jamais cessé de lui être reconnaissant, elle lui laissa complètement ignorer l'état de sa fortune, pendant tout le cours de ses études. Elle lui fit croire qu'il aurait à gagner son pain en se vouant soit à l'enseignement, soit au barreau. Le jeune homme préféra la deuxième de ces carrières. Sorti de Sainte-Barbe, il suivit les cours de l'École de droit et devint licencié (1859). C'est alors seulement qu'il apprit que sa fortune, sans être considérable, suffisait à lui assurer l'indépendance. Il s'était fait inscrire dans le barreau, il fit même ses débuts comme stagiaire. Mais il ne tarda pas à abandonner définitivement cette carrière, avec l'assentiment plein et entier de sa mère. Celle-ci avait obtenu ce qu'elle avait désiré. Avec l'instruction acquise, son fils avait contracté l'amour du travail et des habitudes studieuses. Avec les goûts qu'elle avait pris soin de développer en lui, il était à l'abri de l'oisiveté et des dangers des distractions mondaines. Tout jeune encore, elle avait su lui faire aimer des jouissances d'un genre élevé. Elle l'emmena dans des pays étrangers, en lui montrant, par son exemple, le profit et le plaisir qu'on peut tirer des voyages, quand on sait comment les faire. Ils allèrent ensemble passer plusieurs semaines à Londres pendant l'exposition de 1851. On visita ensuite l'Allemagne, la Hongrie, la Hollande, le Danemark, la Norvège, puis l'Italie et l'Espagne. Chacun de ces voyages leur fournit l'occasion de s'exercer dans les langues étrangères, d'étudier dans son lieu d'origine l'art spécial à chaque pays, de faire des connaissances dont plusieurs ne furent point éphémères. Ils semblaient se souvenir du vieil Ulysse, qui ne se bornait pas à voir les cités, mais tenait aussi à connaître ce que pensent leurs habitants.

Ces plaisirs intellectuels, pris en commun, augmentaient encore la douce intimité qui s'était établie entre cette mère, restée veuve encore jeune, et son unique enfant. Il arriva ce qui arrive souvent en pareil cas : à mesure qu'il devient un homme, l'enfant sent sa responsabilité s'accroître envers la mère respectée dont il devient le protecteur, et plus les années passent, plus la mère vieillissante s'attache à son seul appui. Une sainte amitié se greffe ainsi sur l'amour maternel et sur l'amour filial; par une longue habitude, les deux existences se suffisent l'une à l'autre et l'intrusion d'un tiers semble un danger que l'on redoute sans se le dire. Voilà ce qui a empêché le marquis de Saint-Hilaire de se marier. Pourquoi vouloir se créer une famille, un intérieur, lorsqu'il en avait un si parfait? Serait-ce pour chercher le bonheur? Mais le bonheur n'était-il pas là, entre lui et sa mère? La marquise, plus clairvoyante, chercha pendant un certain temps à modifier sur ce point les idées de son fils. Puis elle cessa de lui en parler. Peut-être trouvait-elle, dans le fond de son cœur, qu'après tout il avait raison. Elle vécut aussi longtemps qu'elle le put, pour ne pas fausser compagnie à son fils. Lorsqu'elle le quitta, il avait atteint l'âge où les hommes raisonnables pensent que le mariage n'est plus de saison.

III

C'est à sa mère que le marquis devait aussi ce goût pour la musique, qui, développé et cultivé de bonne heure, fut pour lui, durant tout le cours de sa vie, une source de jouissances profondes. Élève de maîtres éminents, il avait acquis sur le violon, l'alto et le violoncelle, un talent qui dépassait le niveau habituel de simples amateurs. Mme de Saint-Hilaire avait organisé chez elle, une fois par semaine, des concerts de musique de chambre. Des artistes de premier ordre se faisaient honneur de jouer à ses soirées. Quelque temps après la mort de sa mère, les séances furent reprises. Jusqu'à la veille de son dernier départ pour le château de Saint-Hilaire, dont il ne devait revenir que pour mourir, M. de Saint-Hilaire, tout malade et souffrant qu'il était, tenait encore à faire sa partie dans des morceaux choisis de Haydn, de Mozart, de Beethoven. Souvent, après la minute de recueillement qui suivait les derniers accords, il se levait et, avec toute l'ardeur de son âme artistique, il analysait son admiration ou racontait quelque anecdote sur l'œuvre que l'on venait d'exécuter, ou sur le maître dont il connaissait si bien la vie. Assidu aux concerts du Conservatoire, en rapports étroits avec un grand nombre de musiciens déjà célèbres ou en voie de le devenir, il admirait surtout les vieux maîtres, sans pour cela rester fermé à la nouvelle école. Il était des premiers à goûter et à louer tout ce qu'elle nous a donné d'excellent, mais il revenait de préférence à la musique classique. Il y trouvait le beau toujours jeune et toujours nouveau.

Dans sa Lettre à M. Adolphe Blanc, sur la musique de chambre, écrite en 1870, il déclare qu' « il n'est pas de ces « prôneurs exaltés de la musique ultra-moderne, de cette « musique que l'on admire d'autant plus qu'on la comprend « moins. Le véritable public, ajoute-t-il, ne s'y trompe pas « et revient toujours de préférence vers ceux dont l'esprit « est clair et l'âme droite. Ceux-là ont toujours su ce qu'ils « voulaient dire et ils l'ont toujours bien dit ! »

Son dilettantisme musical lui valut, aux débuts de son entrée dans le monde, de faire la connaissance de Rossini. L'illustre compositeur s'intéressa au jeune amateur; il en subit le charme et l'admit dans son intimité. M. de Saint-Hilaire conserva toujours un doux souvenir de ses rapports avec le grand maître. Il aimait à parler de lui, à raconter des anecdotes de cet homme de génie qui était en même temps un homme d'infiniment d'esprit.

Il aimait aussi à se souvenir, avec une affection respectueuse, d'un autre homme illustre qui avait honoré sa jeunesse de son amitié. Les rapports que M. de Lamartine avait eus, du temps de sa campagne électorale dans le Nord, avec le père de M. de Saint-Hilaire, rapports qu'il avait conservés depuis, avaient facilement rapproché le jeune marquis du grand poète. Il avait recueilli de sa bouche des pensées, des conseils, des confidences même, dont il était fier à juste titre.

Les réserves d'une critique éclairée ne diminuaient point la chaleur de son admiration pour le poète des *Harmonies*, des *Méditations poétiques* et de *Jocelyn*. Lorsque survint cette période de délaissement, dont la gloire de Lamartine eut à souffrir durant les années qui précédèrent sa mort, il en fut profondément attristé, mais il s'en consolait en prédisant qu'on ne tarderait pas à lui rendre justice, et il vit avec joie les symptômes, de plus en plus marqués, de ce retour graduel de l'admiration publique, dont nous sommes aujourd'hui témoins.

Ce fut un des traits les plus remarquables de la vie de M. de Saint-Hilaire que ses amitiés pour des hommes arrivés au point culminant de la vie et dont le séparait une grande différence d'âge. Pour ne citer encore que des noms connus, le peintre Couder lui était profondément attaché, et M. Bonnassieux, le sculpteur illustre, le considérait presque comme un fils. Nous avons tous vu de quelle sollicitude dévouée il entourait la vieillesse de M. Egger, éprouvée par l'infirmité qu'il a supportée si noblement. Ceux qui l'ont devancé dans la tombe, il les honorait morts, autant qu'il les avait aimés vivants. Les notices qu'il a consacrées à Brunet de Presles, à Georges Wyndham, à Émile Egger, à Gustave d'Eichthal, à Paulin Paris, à Ambroise Firmin-Didot, sont autant de preuves de son dévouement à la mémoire de ses vieux amis. La dernière publication à laquelle il a pu mettre la main est encore un de ces hommages d'affection. C'est sa notice sur la vie et les travaux de M. E. Miller, qui précède les souvenirs et les lettres écrites par notre savant confrère durant ses missions au mont Athos et à l'île de Thasos, et dont M. de Saint-Hilaire s'était chargé avec empressement de surveiller l'impression.

IV

L'œuvre littéraire de M. de Saint-Hilaire se divise en deux branches principales : le vieux français et le grec moderne. Les deux choses paraissent tout à fait différentes, et pourtant on trouverait entre elles un rapprochement si l'on songe que le grec traverse actuellement une période qui n'est pas sans analogie avec celle que le français a traversée, avant de devenir ce que les grands écrivains en ont fait.

Les amis du jeune marquis s'étonnèrent lorsqu'ils le virent s'engager dans cette double voie. Ils le connaissaient chercheur et travailleur, mais ils s'attendaient à le voir devenir critique d'art, ou même un musicien savant, plutôt que se porter vers des travaux d'érudition. Tout jeune encore, il s'était fait admettre (en 1856) dans la Société académique des enfants d'Apollon. Cette Société date de loin; elle a tout près d'un siècle et demi d'existence. Ses membres sont censés cultiver toutes les muses, mais elle est surtout composée d'artistes et de musiciens. M. de Saint-Hilaire en fut pendant longtemps un des membres les plus actifs. Après avoir été, à plusieurs reprises, chargé de fonctions qui n'étaient pas seulement honorifiques, il fut nommé président de la Société; ce qui lui donna, plus d'une fois, l'occasion de prononcer à ses séances des discours. En 1870 il publia la brochure, dont nous avons déjà parlé, sous le titre de « *Lettre sur la musique de chambre, adressée à M. Adolphe Blanc, membre de la Société académique des enfants d'Apollon.* »

Cependant, en même temps qu'il semblait se vouer exclusivement à la musique, M. de Saint-Hilaire faisait paraître de petits écrits qui indiquaient ses tendances vers d'autres études. En 1861, il faisait imprimer à Dunkerque, comme « membre correspondant de la Société Dunkerquoise », un *Essai historique sur le sujet d'Amphitryon*. Cette brochure fut suivie, en 1864, d'une *Étude sur les fabulistes flamands et hollandais antérieurs au* XVIIIe *siècle*. En 1868, il fit paraître le *Livre des cent Ballades*, qu'il dédiait à M. de Lamartine. En 1872, il éditait, dans le cabinet du bibliophile, le *Traité d'Amphitryon et de Gèta*, traduit par Eustache Deschamps. Ces publications marquaient d'avance la place du marquis de Saint-Hilaire dans la Société des anciens textes français. Il en fut un des fondateurs (1872) et il en est resté administrateur jusqu'à sa mort. En 1876, il se chargea d'éditer, pour cette Société, les *Œuvres complètes d'Eustache Deschamps*. Le premier volume parut en 1878; les trois volumes suivants virent le jour successivement en 1880, 1882 et 1884; le cinquième en 1887. Le travail était long et difficile et il calculait que, pour en venir à bout, il devait vivre une dizaine d'années encore. Le sixième volume, qu'il avait terminé, doit paraître prochainement. Nous ne croyons pas être indiscret en annonçant qu'il sera précédé d'une préface de M. Gaston Paris, dans laquelle l'éminent savant parlera de ce travail avec une compétence qui nous manque absolument (1).

Dans sa notice sur Paulin Paris, qui figure en tête du troisième volume d'Eustache Deschamps, M. de Saint-Hilaire dit comment il fut entraîné par les leçons de ce savant à aimer le moyen âge et comment ce fut lui qui l'encouragea à entreprendre cette publication. M. de Saint-Hilaire consentit, mais à une condition : que M. Paulin Paris fût « son commissaire responsable ». — « Cette lourde tâche, dit-il, « qu'il remplit toujours avec tant de bonne grâce, M. Gaston « Paris l'a trouvée dans la succession de son digne père et, « avec une obligeance dont les lecteurs d'Eustache Des- « champs ne sauraient lui être assez reconnaissants, il a « accepté de la continuer. C'est une lourde et rude tâche, en « effet, que d'être le commissaire responsable d'une publi- « cation aussi étendue et aussi délicate, et qui demande tant « de connaissances variées et profondes, surtout quand le « travail a été entrepris par un simple amateur, auquel « manque l'éducation première qui ne s'acquiert qu'avec tant « de peine et que donne si complètement notre savante École « des chartes. »

Simple amateur; voilà le titre derrière lequel sa modestie aimait toujours à se retrancher. Amateur éclairé, la curiosité toujours en éveil, très instruit et continuant toujours à s'instruire, aimant le travail et sachant s'y appliquer, se

(1) Voir cette préface dans l'appendice. On trouvera aussi, dans le numéro de janvier de la *Romania*, une appréciation, courte mais complète, des travaux de M. de Saint-Hilaire sur le moyen âge français, écrite par un juge non moins compétent, M. Paul Meyer.

plaçant au-dessus de toute ambition personnelle, il n'avait que celle d'élargir l'horizon toujours varié de ses jouissances intellectuelles. Ces qualités d'esprit jointes à cette aisance dans les manières, à cette sérénité dans le caractère, à cette égalité d'humeur, à cette autorité sans nulle prétention, que nous avons tous reconnues et aimées en lui, le faisaient rechercher et le plaçaient dans les premiers rangs au sein de toutes les compagnies auxquelles il a appartenu. La Société d'histoire diplomatique, la Société d'histoire de France, la Société historique du cercle Saint-Simon, les associations de province dont il était membre, se sont fait, l'une après l'autre, un devoir d'affirmer, par leurs témoignages, que sa perte n'est pas une de celles qu'on peut facilement réparer.

V

De toutes les Sociétés qui l'ont compté parmi leurs membres, celle à laquelle il s'est le plus attaché, celle où le vide de son absence sera le plus longtemps et le plus profondément senti, est l'Association pour l'encouragement des études grecques en France. Elle était devenue une seconde famille pour lui. Il fut un des premiers à s'inscrire parmi ses adhérents. Il y apportait cette sympathie pour la Grèce qui ne fit que s'accroître à mesure qu'il apprenait à la mieux connaître; sympathie qui trouva aisément à se déployer dans cette Société dont le programme, comprenant l'hellénisme tout entier, se rattache à toutes les questions qui concernent la littérature, l'art et l'histoire de la Grèce ancienne et de la Grèce moderne.

La curiosité de M. de Saint-Hilaire pour le grec moderne s'éveilla dès les bancs du collège. Voici comment : Un de ses camarades du lycée Louis-le-Grand, dont les élèves de Sainte-Barbe suivaient les cours, venait de lire l'*Itinéraire de Paris à Jérusalem*. Parmi les notes ajoutées à cet ouvrage, M. de Chateaubriand avait inséré le texte du contrat passé avec le capitaine du bâtiment qui devait conduire le *beyzadé* français au port de Jaffa. La lecture de ce texte intrigua le jeune homme. Malgré les fautes d'orthographe de son rédacteur illettré, il voyait bien que c'était du grec, mais c'était un grec qui le déroutait. Il fit part de sa découverte à ses camarades et l'on demanda des renseignements sur le grec moderne à l'un des professeurs du lycée. Il leur répondit qu'il n'en avait jamais entendu parler. On s'adressa à un autre professeur, qui leur communiqua sa vague connaissance d'une langue ayant quelques rapports avec le grec et que les habitants du pays parlaient, paraît-il, encore. Peu satisfaits de ces informations, les jeunes gens se hasardèrent à soumettre la question à leur professeur de rhétorique, qui n'était autre que notre regretté confrère et ancien président de l'association des Études grecques, M. Glachant. Celui-ci les mit au courant, leur expliqua ce qu'était le grec moderne, leur parla de la prononciation traditionnelle conservée par les Grecs et leur proposa même de la leur apprendre. La proposition fut acceptée avec joie et désormais on fit usage dans les leçons de la prononciation nationale (1).

Il n'est pas sans intérêt d'ajouter ici que le professeur actuel de grec moderne à l'École des langues orientales vivantes, M. Émile Legrand, à qui nous devons tant de travaux savants sur notre langue, n'a commencé à s'intéresser, lui aussi, au grec moderne qu'en lisant ce même contrat. La Grèce doit beaucoup à Chateaubriand pour les sympathies qu'il a su lui attirer par son Itinéraire et par les préfaces,

(1) L'ancien camarade de M. de Saint-Hilaire, dont nous tenons ces détails, est M. Paul David, avocat à la cour d'appel. M. David continue toujours, lui aussi, à s'intéresser à l'étude du grec moderne, qu'il ne délaisse point à travers ses occupations professionnelles.

si chaleureuses pour la cause hellénique, qu'il y a successivement ajoutées. Mais il ne pouvait point se figurer que parmi les services qu'il a rendus à la Grèce, un des plus durables a été l'insertion de la prose du capitaine Dimitri parmi les notes de son livre. Il nous a ainsi donné deux, au moins, des plus éminents propagateurs du grec moderne en France.

Ses études de droit finies, M. de Saint-Hilaire revint encore à l'étude du grec moderne. Il suivit le cours de M. Brunet de Presles. Une étroite amitié s'établit bientôt entre le maître et l'élève que, d'ailleurs, tant d'affinités de goûts et de caractère rapprochaient. Ce que M. Paulin Paris avait fait pour lui par rapport au vieux français, M. Brunet de Presle le fit en ce qui concerne le grec et la Grèce. En même temps que la connaissance de la langue, il lui transmit ses vives sympathies pour le pays.

En lisant la notice consacrée par notre ami à M. Brunet de Presles, on croirait souvent qu'il s'agit de celui qui l'a écrite, autant que de celui qui en est le sujet. M. Brunet de Presles aimait la Grèce sans l'avoir jamais visitée, « mais il la con-
« naissait par ses études et par les livres mieux que les
« Grecs eux-mêmes... il s'en occupait toujours... Sa maison
« était le lieu de rendez-vous de tous les Grecs qui venaient
« à Paris ; ils étaient assurés d'y trouver l'accueil le plus af-
« fable et l'appui le plus certain. C'était, en quelque sorte, un
« consul de la république des lettres grecques. »

Ne reconnaît-on pas là M. de Saint-Hilaire lui-même et sa maison si hospitalière ?

« Il nous souvient, continue-t-il, d'avoir rencontré jadis
« dans une rue voisine de la rue des Saints-Pères, qu'habi-

« tait notre savant ami, un Grec âgé qui venait d'arriver à « Paris et qui, ne sachant pas un mot de français, répétait « aux passants le nom de Brunet de Presles, chez lequel tout « naturellement il se rendait. » Il ne dit pas l'étonnement et la joie de ce Grec lorsqu'il se vit interpeller dans sa propre langue par le Parisien auquel il s'adressait. Ce vieillard, M. Zanos, fut un de nos premiers compatriotes dont notre ami fit la connaissance. C'est lui qui a donné des leçons de grec à la marquise de Saint-Hilaire. Car, vivant toujours de la vie de son fils, partageant ses goûts, la marquise se mit, à l'âge de soixante ans, à apprendre le grec, et y fit assez de progrès pour pouvoir le lire et écrire même souvent dans leur propre langue à ses amis hellènes les billets qu'elle leur adressait.

M. de Saint-Hilaire demeura jusqu'à ses derniers jours un ami sincère et dévoué de la Grèce. Sans se faire d'illusions sur ce qui lui manque encore, il savait lui tenir compte de tout ce qu'elle a fait jusqu'ici d'efforts pour rentrer dans la voie du progrès. Il suivait, avec une attention pleine de sympathie, son développement intellectuel et matériel. Il partageait nos peines et nos joies nationales. « Il me semble, « m'écrivait-il, que la Grèce est une patrie commune à tous « ceux qui ont dans le cœur le sentiment et l'amour du « beau. » Il chérissait l'espoir d'y aller un jour et d'y rester longtemps. Nous caressions ensemble le projet d'y faire un voyage à l'automne prochain. Il y était attendu avec joie par ses amis, et il n'avait là-bas que des amis. Ceux qui ne le connaissaient pas personnellement ne l'en aimaient pas moins pour tout ce qu'il avait montré d'affection à leur pays. Tous les Grecs qui depuis vingt ans ont visité Paris, se faisaient un devoir et un plaisir d'aller le voir. Nos jeunes étudiants touvaient toujours en lui un conseiller, un protecteur et un ami. Il s'intéressait à eux; il s'attachait au talent naissant et il était heureux quand il le voyait tenir ce qu'il avait promis. Il se faisait une fête d'assister aux soutenances de thèse de ceux de nos compatriotes qui passaient leur doctorat à Paris. Il avait fait un voyage en Italie, rien que pour assister à la première représentation du premier opéra de son ami Samara, et il lui promettait d'aller ce printemps encore à Milan pour être témoin de son nouveau triomphe. La liste serait trop longue de tous ceux qu'il avait si bien su s'attacher par les liens de l'affection et de la reconnaissance. Aussi l'homme et l'écrivain ont-ils été universellement regrettés en Grèce. Sa mort y a produit une tristesse générale. Nos journaux en ont parlé en des termes émus. Dans la Chambre, les députés de tous les partis, oubliant leurs dissensions politiques, se sont unis dans l'expression d'une douleur commune pour la perte que la Grèce venait de faire en sa personne.

Il n'y a presque pas d'annuaire de l'Association des Études grecques où M. de Saint-Hilaire n'ait inséré soit quelque étude sur notre littérature contemporaine, soit une de ces notices dont nous avons déjà parlé sur la vie et les œuvres de quelqu'un des confrères éminents que nous avons perdus, soit enfin un discours résumant les travaux annuels et les pertes de la Société. Nommé, dès le commencement, membre du comité et réélu comme tel, aussi souvent que les statuts de l'Association le permettaient, il en a été président en 1883.

Membre constant de la plupart des commissions de cette Société, il apportait dans toutes les fonctions qu'il a remplies une assiduité, une activité, un zèle dont ses confrères garderont longtemps le souvenir.

On relira toujours avec intérêt dans ces Annuaires ses articles. *Les* Κοραϊκιστικὰ *de Rizos Neroulos*, *Alexandre Soutsos, sa vie et ses œuvres*, *La presse dans la Grèce moderne*, *Sur un essai de théâtre national en Grèce*, *Des traductions et imitations en grec moderne*, *Nicolas Machiavel et les écrivains grecs*, *Des Syllogues grecs et du progrès des études littéraires dans la Grèce de nos jours*, *Homère dans le moyen âge occidental*, voilà les titres de quelques-unes de ces études qui, rassemblées, formeraient un gros volume (1). On en formerait un autre non moins intéressant avec tout ce qu'il a publié sur la Grèce en dehors de ces annuaires. En 1875, il faisait insérer dans les Mémoires de la Société dunkerquoise une *Notice sur la comédie intitulée la Tour de Babel de M. D. K. Byzantios*. Dans le recueil *le Monde poétique*, il a donné des études sur George Drossinis, le charmant poète et le non moins charmant nouvelliste, — sur d'autres encore. Il a écrit une notice sur la vie et les œuvres d'Aristote Valaoritis, mise en tête des œuvres complètes de ce poète, traduites en français par M. Jules Blancard. (Paris, Ernest Leroux, 1883 et 1886.) Il préparait aussi une notice sur le poète George Zalocostas, qui devait accompagner la traduction de ses œuvres, faite également par M. Blancard et qui a été revisée en entier par M. de Saint-Hilaire.

(1) Voir la Bibliographie qui fait suite à cette notice.

A l'occasion de l'Exposition universelle de 1878, il s'était chargé de faire le volume sur la Grèce, dans la collection Lamarre (1). Ce volume, contenant un aperçu général de l'histoire de la Grèce, avec des détails sur son gouvernement, sa statistique et sa géographie, offre un tableau complet de l'état de notre pays à cette date. C'était une occasion pour M. de Saint-Hilaire d'être utile à la Grèce, et il ne pouvait manquer d'en profiter. La commission grecque à l'Exposition de 1889 s'en est souvenue lorsqu'elle l'a chargé d'y représenter la Grèce dans le jury de la librairie. Il ne s'est pas cru le droit de refuser cette tâche, malgré les ménagements qu'aurait dû lui inspirer l'état de sa santé, et il la remplit comme il remplissait toujours toutes celles qu'il avait acceptées. Le gouvernement grec avait placé son nom sur les listes des promotions dans l'ordre royal du Sauveur, dont le marquis de Saint-Hilaire était déjà officier. Sa mort est survenue avant qu'il eût pu recevoir cette marque officielle de la reconnaissance nationale.

En 1880, il publia une traduction des *Lettres de Coray au protopsalte de Smyrne, Démétrius Lotos, sur les événements de la Révolution française*, dont le savant grec avait été un témoin oculaire. Cette publication avait été précédée de celle des *Lettres inédites de Coray à Chardon de la Rochette* (2). Dans une courte préface, M. Egger et le marquis de Queux de Saint-Hilaire informaient le lecteur que le recueil de ces lettres avait été préparé pour l'impression par M. Brunet de Presles; ce qui n'empêche pas que, dans ce

(1) *Les pays étrangers à l'Exposition.*
(2) Paris, F. Didot, 1877.

cas comme dans beaucoup d'autres, notre ami s'était chargé, avec le dévouement qui lui était habituel, de la partie la plus lourde de la tâche.

J'aurais passé entièrement sous silence d'autres publications de M. de Saint-Hilaire, si je ne croyais devoir témoigner ici ma reconnaissance personnelle à l'habile traducteur qui m'a fait l'honneur de joindre son nom au mien pour faire connaître aux lecteurs français les humbles récits, auxquels il a ajouté le charme de sa langue. L'amitié fraternelle qui l'unissait à l'auteur explique l'empressement et la bonne volonté qu'il a mis à partager ainsi avec lui la responsabilité de ces petits ouvrages.

VI

Au milieu de ces travaux variés et incessants, la vie de M. de Saint-Hilaire était restée sans nuage jusqu'en 1870. Plein de jeunesse et de santé, près de sa mère, entouré d'amis, recherché dans le monde, toujours occupé de choses qui l'intéressaient, il avait tout lieu d'être satisfait de l'existence. Il ne lui avait pas été donné, il est vrai, d'être époux ni père, mais, aussi, il avait été à l'abri des angoisses dont ces joies sont trop souvent mélangées.

Quand survint la guerre de 1870 et le siège de Paris, il fit son devoir de bon citoyen, simplement, naturellement comme toujours. Sous l'Empire, il avait été nommé capitaine de la 4e compagnie du 21e bataillon de la garde nationale. Ces nominations étaient alors considérées comme une corvée, que tout le monde tâchait d'éviter. Mais, nous l'avons déjà dit, M. de Saint-Hilaire était de ceux qui ne s'effacent jamais devant un devoir qu'on réclame d'eux.

La garde nationale ne fut appelée à prendre les armes qu'après la chute de l'Empire. Lorsque, d'après la nouvelle organisation, les officiers durent être élus par leurs compagnies, la 4e du 21e bataillon maintint dans son grade son ancien capitaine. Un bataillon de marche ayant été formé au courant du mois de décembre, M. de Saint-Hilaire fut nommé, à l'unanimité, commandant de ce bataillon. Dans l'exercice de ces fonctions nouvelles, il fit preuve des qualités qui, toujours et partout, lui attirèrent l'estime et la sympathie de ceux avec qui il était en contact. A l'esprit de discipline, à l'exactitude exemplaire dans tous les détails de son service, il joignait la bonté active qui lui était naturelle. Il était devenu l'ami de tous ses soldats. Parmi eux, il y en avait beaucoup qui étaient dans la gêne. Grâce à leur commandant, pendant toute la durée du siège, tous virent s'adoucir leurs privations. Il trouvait toujours le moyen d'avoir quelque argent pour ceux qui en avaient le plus besoin.

La compagnie de M. de Saint-Hilaire comptait aussi un nombre considérable de savants et de lettrés. M. Duruy et M. Gaston Boissier en étaient. Il eut, parmi ses soldats : MM. Fernet et Vaquant, tous les deux, aujourd'hui, inspecteurs généraux de l'Université; M. Lachelier, maître de conférences à l'École normale; M. Dubief, alors directeur de Sainte-Barbe, M. Duverger, professeur à l'École de droit. Il y avait aussi là François Coppée qui, élu par ses camarades lieutenant d'abord, et puis caporal, refusa ces grades pour rester simple soldat.

Le bataillon ne se trouva engagé dans aucun des combats qui eurent alors lieu autour de Paris. Il montait la garde à la Porte d'Italie, passant les nuits glaciales de cet hiver rigoureux dans la tranchée. Une nuit il eut la chance de camper dans le théâtre des Gobelins, nouvellement bâti, où les soldats dormirent dans les fauteuils d'orchestre, le fusil entre les jambes. Parfois on se réunissait entre camarades pour manger, ce que l'on pouvait alors trouver à manger, chez une concierge de l'avenue d'Italie. C'est là que Coppée lut à ses camarades la *Lettre d'un mobile breton*. Les mobiles bretons venaient en ce moment d'arriver à Paris et ils étaient logés dans le quartier du Panthéon, celui du 21e bataillon. Le jeune commandant prit le poème des mains de Coppée et le porta au *Journal des Débats*, où il fut publié pour la première fois.

Au milieu des épreuves du siège, les anxiétés de M. de Saint-Hilaire se partageaient entre sa patrie et sa mère. Celle-ci se trouva exposée à un danger véritable lorsque le bombardement eut commencé (1). L'armée assiégeante avait pris le dôme du Panthéon pour une de ses cibles. Les maisons voisines en avaient eu souvent à souffrir; Mme de Saint-Hilaire ne se décidait pas cependant à quitter son appartement. Un obus qui y pénétra un jour, heureusement sans éclater, eut enfin raison de ses résistances. Elle se laissa conduire par son fils dans une maison amie du faubourg Saint-Honoré, où elle resta jusqu'à la fin du siège.

Voici une lettre de M. de Saint-Hilaire qui dira mieux que je ne pourrais le faire les tristesses qui suivirent la guerre étrangère. Il l'écrivait à un de ses amis de jeunesse qu'il affectionnait le plus, M. Jules Bezard, qui a eu l'obligeance

(1) M. Gidel a bien voulu nous rappeler que le jour même où le bombardement commença, le 5 janvier 1871, il devait y avoir une séance de l'Association des Études grecques chez M. Brunet de Presles. Le premier obus tomba dans la rue des Feuillantines, d'autres suivirent et visaient le Panthéon. Ceci n'empêcha pas plusieurs des membres de l'Association de se rendre à l'appel. Quelques-uns portaient l'uniforme de garde national. M. de Queux de Saint-Hilaire en était, et M. Gidel se souvient qu'il fit la remarque que parmi ceux qui envoyaient ces projectiles à Paris, il devait bien y en avoir aussi qui aimaient les lettres et qui regrettaient de ne pouvoir assister à quelque séance analogue à celle qui se tenait en ce moment.

de nous la communiquer. Elle est datée de Florence, le 28 mars 1871 :

« Vous voyez, dit-il, par le lieu d'où je date cette lettre, « que nous avons mis les Alpes entre nous et l'émeute un « moment triomphante. Depuis longtemps je voulais emme- « ner ma mère de Paris pour la reposer des fatigues et des « souffrances de ce long siège. J'étais parti pour la Flandre « quelques jours après la signature de la paix et j'étais re- « venu, il y a samedi dix jours, le matin, croyant encore « Paris aussi calme, au moins à la surface, que lorsque je « l'avais quitté. Au lieu de cela, je trouve, en arrivant, un « ordre de service auquel j'ai répondu, quoique j'eusse donné « ma démission déjà, et pendant toute la journée de samedi « nous avons essayé de tenir tête à l'émeute. Malheureuse- « ment, mon bataillon était le seul bon de l'arrondissement. « Il fut bientôt entouré par les trois mauvais qui obéissaient « au Comité central, et nous fûmes réduits à l'impuissance. « Le lendemain matin, on m'apportait la nouvelle que nous « étions licenciés et moi révoqué, et bien que je refusasse de « reconnaître cette autorité essentiellement révolutionnaire, « comme je voulais à tout prix éviter de donner le signal de « la guerre civile, j'ai recommandé à tous mes gardes la « plus grande prudence et la plus complète abstention de « manifestations hostiles, en attendant que nous soyons en « force. Bref, j'ai couru pendant deux jours à la recherche « d'une autorité quelconque qui voulût bien donner des « ordres et se mettre à la tête du parti de l'ordre, cent fois « plus nombreux, mais mille fois plus timide que l'autre. « En rentrant, j'ai appris qu'on était venu deux fois déjà

« pour m'arrêter. Alors, je vous l'avoue, comme je ne me « sentais aucune vocation pour la prison, même innocent, « et que la fusillade, même par le bataillon de Belleville, ne « me souriait que très médiocrement, j'ai voulu éviter au « moins à ma mère l'effroi de me savoir arrêté, et je l'ai « décidée à partir, mais non pas cependant sans avoir fait « une dernière tentative pour trouver l'amiral Saisset qui « était introuvable. Nous sommes partis mercredi dernier, il « y a aujourd'hui huit jours, pour l'Italie, sans savoir « même si on me laisserait passer, car dans la nuit on était « encore revenu avec un mandat d'arrêt. Heureusement, nous « avons pu partir et, après un voyage assez fatigant et fort « triste au milieu des Prussiens et de notre armée désorga-« nisée, nous voici arrivés à Florence, où ma mère compte « rester quelques jours pour se remettre de tant de fatigues « et d'émotions. »

Mais ce séjour loin de la France, tandis que la guerre civile se prolongeait, devenait une cause d'angoisses poignantes pour l'âme généreuse du marquis de Saint-Hilaire.

Le 5 mai il écrivait encore à M. Bezard : « Je regrette « beaucoup et, plus que je ne puis vous le dire, d'être loin « de la France dont la grande ombre jette un froid de mort « sur tout le beau pays au milieu duquel nous vivons et dont « nous ne jouissons pas. Si je n'avais pas eu ma mère, que « je voulais enlever de cet enfer de Paris et que je voulais « reposer en lui enlevant ces tristes préoccupations, j'aurais « été me mettre à Versailles au service de Thiers; car je « trouve que le devoir de tous les honnêtes gens est de se « grouper et non pas de s'enfuir. Et moi, qui avais toujours

« été fier de ce que mes parents n'avaient pas émigré en « 1793, il me semble que je commets une lâcheté en n'étant « pas en France en ce moment. Et pourtant qu'y ferais-je? « Avec ma mère âgée, souffrante et que je ne saurais exposer « même à ne plus m'avoir... Ah! que Montesquieu a raison « quand il dit que dans les temps de révolution le difficile « n'est pas de faire son devoir, mais de savoir où est son « devoir. »

Ne reconnaît-on pas à ces lignes émues l'homme tout entier? A mesure que des nouvelles de plus en plus tristes venaient de Paris, il se pardonnait moins de s'en trouver éloigné. « Pauvre France! » écrivait-il le 23 mai 1871. « J'ai « presque honte de vivre, et surtout de vivre à l'abri et à « l'étranger, pendant que ces horreurs se commettent chez « nous, et je me prends souvent à regretter de n'avoir « pas été fusillé par ces gredins. »

Seule, la mort de sa mère fit sortir du fond de son âme un pareil cri de douleur. « La vie, » écrivait-il, douze ans plus tard, d'Hazebrouck, où il était allé déposer sa dépouille mortelle, « la vie me paraît vide et inutile, depuis que je « n'ai plus à la consacrer à ma chère mère. » Des mois se passèrent et il ne pouvait pas encore s'habituer à vivre sans elle. « Depuis que j'ai perdu ma mère, qui était comme le « lest qui empêchait ma pauvre barque de flotter au hasard « et sans direction, avec les meilleures volontés du monde « je ne fais rien et me surmène en choses inutiles. »

VII

Il reprit peu à peu ses habitudes, se remit au travail, organisa sa vie désormais solitaire, bornant de plus en plus ses relations à un cercle d'intimes. Un pieux pèlerinage à Hazebrouck, à date fixe, chaque année, — quelques semaines passées tantôt au mont Dore, tantôt dans l'Engadine, pour se conformer aux recommandations de son médecin, — de rares et courtes visites en Belgique, en Hollande ou en Italie, voilà les distractions qu'il se donnait de préférence. Il passait la plus grande partie de l'année à Paris. Au printemps et à l'automne il allait toujours faire des séjours plus ou moins prolongés dans sa terre de Saint-Hilaire.

Il avait acquis cette propriété en 1879. Quelques mois auparavant, dans le congrès des Sociétés savantes tenu à Paris, un savant saintongeois, M. Louis Audiat, ayant entendu prononcer le nom du marquis, s'était approché de lui après la séance et lui avait demandé s'il appartenait à la famille de ce nom qui était de sa province. Le marquis répondit affirmativement et il réclama de son interlocuteur des renseignements sur le pays et sur le domaine dont sa famille s'était détachée depuis tantôt un siècle. A la suite de cette connaissance fortuite, il devint membre de la Société des Archives de Saintonge et d'Aunis, présidée par M. Audiat. Ce fut là le début de ses rapports avec la province dont il était originaire. En même temps, il apprit qu'il y possédait encore des parents, grâce aux anciennes alliances de sa famille. Cédant facilement aux instances de M. Audiat, il alla, dans le courant de l'année suivante, visiter la Saintonge et le domaine de ses ancêtres. Par un heureux hasard, il sut que le détenteur de cette propriété était disposé à s'en défaire. L'idée de la racheter sourit à la marquise; elle poussa son fils à en faire l'acquisition. Celui-ci se prêta aux désirs de sa mère, qui étaient ou devenaient toujours les siens. Les négociations ne furent pas longues. Il se défit d'une partie de ses terres en Flandre et en plaça le produit dans le domaine de Saint-Hilaire. L'été suivant, il y amena sa mère. « Nous avons mis, » m'écrivait-il en m'y invitant, le 1er juillet 1880, « nous avons mis pour la première fois, ma mère « et moi, le pied dans notre domaine, sorti de la famille à « la Révolution de 1793 et que j'ai été assez heureux pour « faire rentrer dans la famille l'année dernière. La première « impression, malgré tout ce que j'avais pu dire à ma « mère, ne lui a pas été favorable. Elle avait tant entendu « parler de cette terre et du château, qu'elle n'avait pu se « décider à croire, d'abord, que le château avait été rasé à « la Révolution et par conséquent n'existait plus; ensuite, « qu'il avait été remplacé par une série de petits bâtiments « dépendant les uns des autres et qui n'ont rien de seigneu- « rial... Si le château ne mérite guère ce nom pompeux, « le parc est beau et pourra vous offrir de jolies prome- « nades. »

En effet, un immense pigeonnier rond et deux tours, dont l'une à moitié détruite, étaient tout ce qui restait de la demeure seigneuriale. Entre les deux tours une suite de constructions communiquant l'une avec l'autre, mais de hauteur inégale, leurs toits s'abaissant progressivement, faisait dire au marquis que son château était construit en forme de télescope. Les jardins tout autour étaient vastes, et la *garenne* qui y faisait suite rappelait bien les temps anciens; mais les fermes qui dépendaient du château ne valaient point, surtout après l'invasion du phylloxéra, les bonnes terres de Flandre contre lesquelles elles avaient été échangées. Au point de vue économique, l'échange n'était pas une bonne spéculation. Mais en rachetant la terre dont il portait le nom, le nouveau propriétaire n'avait pas songé à faire une affaire. Il était heureux de s'en voir le possesseur. Il y revenait toujours avec plaisir. Les parents qu'il avait retrouvés (1) et dont il n'avait pas tardé à se faire des amis dévoués, resserrèrent bien vite les liens qui l'attachèrent de plus en plus à son pays d'origine. Il aimait à se retrouver au milieu d'eux. Il aimait à recevoir ses amis qui venaient de Paris jouir de sa simple et charmante hospitalité. On se reposait en travaillant, on se promenait dans la garenne ou dans les jardins, parmi les rosiers que le châtelain élaguait avec son *sécateur féodal*, comme lui disait en plaisantant son ami Coppée. Le soir, on se réunissait dans le salon, où quelque lecture intéressante interrompait souvent la conversation toujours animée; ou bien, s'il faisait un peu froid, on allait jouir d'une bonne flambée dans la vaste cuisine, en causant avec les deux vieux domestiques campagnards, qui adoraient ce maître dont la bonté affable les mettait à leur aise sans diminuer leur respect.

(1) Ce sont les deux familles Joly d'Aussy, de Saint-Jean-d'Angély et du château de Crazannes.

Les paysans des alentours, ainsi que les habitants du bourg voisin de Soubise, avaient aussi appris bien vite à l'aimer. Tous, sans le vouloir peut-être et sans y penser, le traitaient un peu comme leur chef naturel, comme le fils de ses ancêtres. On avait voulu le nommer maire de Soubise, mais il n'y avait jamais consenti, et son refus avait été loin de nuire au respect qu'il imposait ou à l'influence latente et tranquille qu'il exerçait sans la rechercher. En le voyant là, on ne pouvait s'empêcher de regretter qu'il fût le dernier de sa race. Si lui-même a senti ce regret, il a trouvé le plus noble moyen de s'en consoler. A défaut d'héritier de son nom, il a, par son testament, légué sa terre de Saint-Hilaire aux Petites-Sœurs-des-Pauvres.

C'est dans cette terre qu'il a passé les dernières semaines de sa vie. Il en est parti, plus malade qu'il ne le croyait, pour venir se soigner à Paris. Trois jours après il était mort (le 29 novembre 1889).

Dans le cimetière tranquille de sa ville natale d'Hazebrouck, ce fils pieux avait fait construire un petit mausolée contenant trois tombes. A droite, repose son père; à gauche, cette mère qu'il a tant aimée. Comme un dernier témoignage d'affection pour la Grèce, il avait fait graver sur son tombeau, en guise d'épitaphe, les beaux vers grecs qu'un de ses amis, M. Constantin Triantaphillis, lui avait adressés lorsqu'il l'avait perdue. Chacun des deux monuments est surmonté d'un buste. Un troisième buste, dû comme les deux autres au sculpteur Bonnassieux, son ami, surmontera la tombe du milieu, la tombe fraîchement ouverte pour recevoir les restes mortels du dernier des Queux de Saint-Hilaire.

DISCOURS PRONONCÉS

AUX OBSÈQUES DU MARQUIS

DE QUEUX DE SAINT-HILAIRE

LE 3 DÉCEMBRE 1889

I

DISCOURS DE M. CROISET

DE L'INSTITUT

PRÉSIDENT DE L'ASSOCIATION POUR L'ENCOURAGEMENT DES ÉTUDES GRECQUES EN FRANCE

Messieurs,

Ce n'est ni le moment ni le lieu des longs discours. Devant ce cercueil qui va s'éloigner de nous, dans le trouble où nous jette la brusque soudaineté de nos émotions, — inquiétudes poignantes il y a quelques jours à peine; amers regrets aujourd'hui — ceux qui ont connu le marquis de Saint-Hilaire, ceux qui l'ont aimé, ont peine à démêler leurs impressions et à exprimer les raisons de leur douleur.

Nous dirons plus tard ce qu'il a fait. L'Association des Études grecques, en particulier, à laquelle il donnait une grande part de ses pensées et où il tenait une place éminente, rappellera ce qu'elle lui doit, son dévouement incessant, son activité toujours prête, cette sûreté de jugement qui donnait à ses avis tant de valeur; cette piété du souvenir qui faisait de lui l'historien attitré, pour ainsi dire, de nos morts les plus regrettés, les Egger, les d'Eichthal, les Miller; ce tact délicat qu'il portait, il y a quelques années, à la présidence de nos séances; cette bonne grâce, enfin, vive et alerte, dont s'animaient et s'éclairaient toutes les réunions où il prenait part. Il nous fera défaut plus qu'on ne saurait dire, et nos yeux se mouilleront plus d'une fois en trouvant vide la place familière où il manquait si rarement de venir s'asseoir.

Aujourd'hui, c'est l'ami que nous pleurons encore plus que le confrère, et nous ne voulons pas le laisser partir sans un adieu. Je n'ai vu personne qui ne l'aimât. Ceux qui ne faisaient que l'apercevoir, pour ainsi dire, dans un salon, dans une réunion savante, étaient tout de suite séduits et attirés par une variété d'idées, par un mouvement de conversation extraordinaires. A quoi ne s'intéressait-il pas? Les arts sous toutes leurs formes, le français du moyen âge, le grec ancien et moderne, les choses du jour et celles du passé, tout plaisait à cette intelligence ouverte et facile. En plusieurs matières, il était lui-même un érudit; dans les autres, c'était un amateur véritable, c'est-à-dire aimant les choses dont il s'occupait, curieux de s'instruire sans cesse, ne cherchant pas à s'en faire accroire et parlant de ce qu'il aimait avec chaleur, sans ombre de pédantisme. Sa mémoire était pleine de souvenirs et d'anecdotes qu'il contait avec verve, avec esprit, avec malice même, jamais avec méchanceté. Son clair regard, ses traits énergiques autant que fins, sa chaude poignée de main montraient assez que sa courtoisie exquise n'avait rien de banal.

Aussi, l'on devinait bientôt, sous cette amabilité brillante, une grande beauté morale. On peut dire en effet qu'il n'y avait pas chez lui un seul mauvais sentiment, une seule pensée basse ou mesquinement personnelle. Sa généreuse nature se portait d'un élan spontané vers tout ce qui était noble et beau. Il aimait les idées. S'il voyait quelque part une tâche utile à remplir, modestement, sans bruit, mais avec une volonté très soutenue, il s'y dévouait. Sa droiture était inflexible, sans rien d'étroit. Chrétien sincère, il ne dissimulait pas plus ses croyances qu'il n'en faisait ostentation. A l'égard de ses amis, il osait être franc, sûr de ne jamais les blesser; car on sentait que ses conseils partaient d'un esprit juste et d'une âme droite. Sa bonne grâce d'ailleurs lui permettait de tout dire, et sa rectitude morale, si ferme, était accompagnée d'un admirable libéralisme.

Tant de qualités exquises avaient groupé autour de lui des affections profondes et dévouées. Il avait des amis non seulement en France, mais aussi parmi les étrangers, et surtout parmi les Grecs; plus d'un, parmi ceux-ci, a senti son cœur saigner cruellement en apprenant la fatale nouvelle. Celui qui nous quitte était, dans toute la force du terme, un galant homme et un honnête homme, ou, comme auraient dit les anciens Hellènes, une âme « belle et bonne ». Que son souvenir reste avec nous!

II

DISCOURS DE M. LONGNON

DE L'INSTITUT

PRÉSIDENT DE LA SOCIÉTÉ DES ANCIENS TEXTES FRANÇAIS

Messieurs,

M. Croiset a déjà payé à la mémoire de M. le marquis de Queux de Saint-Hilaire un juste tribut d'éloges et de regrets, et vous a exprimé, en meilleurs termes que je n'aurais pu le dire, la perte cruelle que la science vient d'éprouver. Il me reste seulement à témoigner, au nom de la Société des anciens textes français, des sentiments tout particulièrement douloureux ressentis en ce moment par cette compagnie.

Issu d'une famille de vieille noblesse, originaire de Saintonge, M. le marquis de Queux de Saint-Hilaire n'en était pas moins un esprit éminemment libéral, accessible de tous points aux idées modernes. Toutefois, ses traditions de famille l'avaient attiré de bonne heure vers les souvenirs de la chevalerie et, devenu l'un des auditeurs les plus assidus du cours que Paulin Paris professait alors au Collège de France, il publiait, il y a près de vingt-deux ans, c'est-à-dire en 1868, une des plus charmantes œuvres de l'ancienne littérature française, *Le livre des cent ballades, contenant des conseils à un chevalier pour aimer loialement, et les responses aux ballades*, fort élégamment imprimé par Perrin, et dont la publication révéla notre futur confrère, alors l'un des plus jeunes amis de Lamartine auquel il le dédia, non seulement comme un amateur éclairé de la littérature du moyen âge et un bibliophile du goût le plus exquis, mais aussi comme une nature éprise d'idéal.

La publication du *Livre des cent ballades*, en assurant à M. de Saint-Hilaire une place distinguée parmi les amis de notre vieille littérature nationale, permit plus tard aux fondateurs de la Société des anciens textes français de compter sur sa chaleureuse adhésion. Il ne trompa pas leur espoir et, comme on ne doutait point de son dévouement pour l'œuvre naissante, il fut, dès la première assemblée générale qui se tint le 15 avril 1875, élu à l'unanimité administrateur de la nouvelle association. Il rendit, dans ces délicates fonctions, tous les services qu'on attendait de lui; de sorte qu'en 1876 d'abord, puis successivement dans chacune des années qui suivirent, nous fûmes heureux de renouveler le mandat de ce zélé confrère dont chaque jour nous appréciions davantage le commerce plein de charmes. Mais M. de Saint-Hilaire ne se contenta pas seulement d'apporter à notre œuvre commune des qualités administratives et, le 24 février 1876, il proposait à la société des anciens textes de publier pour elle les œuvres complètes d'un poète français du quatorzième siècle, d'un poète des plus intéressants et qui, jusque-là, n'avait été l'objet que d'éditions partielles : je veux parler d'Eustache Deschamps. Il s'agissait d'établir le texte de 80.000 vers, pour les imprimer ensuite en huit volumes in-octavo, dont la publication pourrait demander une vingtaine d'années ; et, comme les perles ne sont pas relativement plus nombreuses dans l'œuvre du vieux poète français qu'elles ne l'étaient dans celle d'Ennius, on pouvait craindre d'une part de fatiguer le public, de l'autre de voir l'éditeur se lasser. Ceux d'entre nous qui connaissaient bien l'auteur de la proposition la firent cependant accepter, et le premier volume de l'édition d'Eustache Deschamps parut dès 1879. Malgré les soins que réclamait la santé si délicate déjà de l'éditeur, quatre autres volumes se succédèrent régulièrement de deux années en deux années, et le tome VI allait être achevé dans peu de mois. M. de Saint-Hilaire pouvait entrevoir le moment où ses engagements envers nous seraient remplis, lorsque nous apprîmes presque simultanément sa maladie et sa mort : rentré à Paris mardi dernier, il expirait trois jours après, âgé seulement de cinquante-deux ans. Il se trouvera, nous n'en doutons pas, parmi les membres de la Société des anciens textes, de pieux amis qui tiendront à honneur de terminer l'édition qu'il laisse inachevée.

M. le marquis de Queux de Saint-Hilaire savait, par sa bonne grâce et son exquise courtoisie, s'attacher tous ceux qui l'approchaient, et plus d'un, parmi nous, a été touché de l'extrême déférence avec laquelle, dans une modestie qui n'avait rien d'affecté, il acceptait les conseils et les critiques. Aussi sa perte sera-t-elle vivement ressentie, non seulement par ses amis, mais aussi par ceux qui n'ont pu que l'entrevoir ; et la Société des Anciens Textes français, dont il fut dès l'origine l'administrateur et aux travaux de laquelle il a, depuis quatorze ans, consacré la meilleure partie de ses loisirs, lui gardera un souvenir particulièrement reconnaissant.

III

DISCOURS DE M. PAUL MEYER

DE L'INSTITUT

PRÉSIDENT DE LA SOCIÉTÉ DE L'HISTOIRE DE FRANCE

Messieurs,

Le Conseil de la Société de l'Histoire de France est cruellement éprouvé. Il y a quelques semaines, nous rendions les derniers devoirs à un de nos confrères les plus dévoués, à M. Rivain, notre trésorier, et voici que le marquis de Queux de Saint-Hilaire, nommé membre du Conseil dans notre Assemblée générale de 1886, le même jour que Rivain, laisse parmi nous un vide difficile à combler. Longtemps avant d'être appelé à prendre sa part dans le gouvernement de notre association, M. de Queux de Saint-Hilaire était des nôtres. Il s'était affilié à la Société de l'Histoire de France, comme à bien d'autres sociétés, parce qu'il aimait, en quelque mesure et à quelque titre que ce fût, à contribuer à toute œuvre utile. Il n'avait point sollicité nos suffrages; mais, lorsqu'on vint lui dire qu'il pouvait, en entrant dans le Conseil, nous rendre service, il s'offrit avec sa bonne grâce habituelle. Nous venions de perdre M. Egger, qui, depuis longtemps atteint de cécité, surveillait néanmoins avec zèle la publication, entreprise par M. Cougny, des *Extraits des Auteurs grecs relatifs à la Gaule*. M. de Queux de Saint-Hilaire remplaça Egger dans la fonction de commissaire responsable pour cette publication, et s'en acquitta consciencieusement jusqu'au moment où M. Cougny mourut, laissant son édition interrompue.

M. de Saint-Hilaire avait une érudition très variée, sans être un érudit de profession. Il ne voulait être qu'un simple amateur : c'est ainsi qu'il s'est qualifié lui-même, dans une touchante notice sur Paulin Paris qu'il a placée en tête d'un des volumes de son édition, malheureusement inachevée, des poésies d'Eustache Deschamps. Mais c'était un amateur éclairé, et il l'était en des genres très divers. Il savait, aussi bien que personne, qu'à notre époque d'ardentes compétitions on n'est classé parmi les savants qu'à la condition de consacrer sa vie à des recherches minutieuses concentrées sur un espace de plus en plus limité. Mais il ne pensait pas à se faire son petit domaine à lui dans le vaste champ de l'érudition. Étranger à toute ambition personnelle, il fut toujours guidé, dans les différents ordres d'études auxquels il appliqua son intelligence, par des sentiments généreux et désintéressés : il devint helléniste, parce qu'il aimait la Grèce; il étudia notre vieille littérature et contribua à la faire connaître, parce qu'il aimait son pays et ne séparait pas, dans son affection, la vieille France de la France d'aujourd'hui. On conçoit, le connaissant, qu'il se soit attaché à Eustache Deschamps, le poète patriote qui a fait la ballade : *Tel pays n'est qu'en royaume de France.*

Le marquis de Saint-Hilaire était, à un degré éminent, un homme sociable. Par dévouement pour sa mère, qu'il avait perdue il y a dix ans, peut-être aussi parce qu'il se savait d'une santé chancelante, il s'était résigné au célibat. Mais il avait su se former une large famille d'amis et d'obligés. Ses manières simples et franches, son affabilité, sa grâce naturelle charmaient tous ceux qui l'approchaient. Son temps, ses relations du monde, ses livres, ses conseils étaient à la disposition de qui voulait en user. Il aimait à collectionner les objets d'art, les dessins, les autographes, les manuscrits, les éditions rares; mais il n'était pas avare de ses trésors. Il l'a bien prouvé tout récemment. Il y a quelques semaines.

alors que ni lui, ni personne n'avait le pressentiment de sa fin prochaine, par pure libéralité, il fit don à la Bibliothèque nationale d'un certain nombre de manuscrits acquis à diverses époques. Sa vie trop courte fut bien employée. Il a montré à ses contemporains comment un homme de loisir peut, en dehors des positions officielles et de la politique, faire un usage honorable de ses facultés et tenir dignement sa place entre ses concitoyens. Le Conseil de la Société de l'Histoire de France, qui profita trop peu de temps de sa bonne volonté, gardera un souvenir ému de cet homme de cœur, dont la vie fut celle d'un savant, d'un artiste et d'un véritable gentilhomme.

IV

DISCOURS DE M. CH. CASANOVA

DIRECTEUR DE SAINTE BARBE

Messieurs,

Le Collège Sainte-Barbe a perdu en M. le marquis de Queux de Saint-Hilaire un de ses élèves les plus chers et un de ses administrateurs les plus dévoués.

Cette maison, où il avait fait ses études, où il avait noué ses meilleures amitiés, tenait une grande place dans son affection; il en parlait volontiers; il y revenait souvent. Il n'y a pas un mois, il m'écrivait du château de Saint-Hilaire qu'il avait rencontré là-bas, dans la Charente, un camarade de 1855, et, — détail touchant, —

il était honteux de ne pas l'avoir reconnu le premier. L'Association amicale des anciens Barbistes avait en lui un apôtre fervent. Il n'était pas de ceux qui prennent plaisir à calomnier leur jeunesse; il rappelait avec joie ses années du collège; après trente ans passés, le souvenir de ses maîtres excitait encore son enthousiasme; il croyait vraiment à cette fraternité qui naît des études faites en commun, et qui n'est pas un vain mot à Sainte-Barbe. Il était surtout plein de tendresse pour ses camarades malheureux. Le monde, où il était très répandu, ne connaissait peut-être de lui que la parfaite distinction des manières; le monde se contente aisément des dehors; notre Association amicale a vu à l'œuvre sa bonté. Il aimait à rendre service; il éprouvait une joie délicate à obliger, à se dévouer; je n'ai trouvé chez personne cette ouverture de cœur; je n'ai pas rencontré de nature plus généreuse.

C'étaient assurément qualités de race et vertus de famille; mais il m'est doux de penser que l'éducation de Sainte-Barbe n'y a pas été étrangère. Il disait volontiers qu'il devait à son cher Collège le meilleur de lui-même, et il lui a payé sa dette avec une libérale reconnaissance. S'il est un vœu que le Directeur de Sainte-Barbe doive former, c'est de voir encore longtemps ce Collège produire des hommes qui ressemblent à de Saint-Hilaire! Puissent nos jeunes gens avoir cet esprit curieux de toutes les connaissances élevées, cette âme ouverte à tous les nobles sentiments, cette imagination prête à s'enflammer pour tout ce qui est beau! Puissent-ils avoir le sens de la mesure, l'élégante simplicité, la bonne humeur souriante, la philosophie indulgente et humaine de cet Athénien de Paris! Puissent-ils goûter ainsi que lui les lettres et les arts, la poésie et la musique, tout ce qui embellit l'existence et lui donne son prix! Puissent-ils aimer leur famille avec cette tendresse dont il a aimé sa mère! Puissent-ils avoir, à son exemple, une foi solide et profonde, mais tempérée de tolérance et faite de charité! Puissent-ils enfin posséder au même degré ce don d'éveiller les sympathies et de gagner les cœurs!

Toutes ces vertus étaient les vôtres, mon cher camarade; le collège Sainte-Barbe, qui se reconnaissait en vous, voudrait les voir rayonner de votre âme dans celle de tous ses élèves; aussi vous avait-il appelé dans son Conseil d'administration. Personne n'était plus digne de présider à cette grande tâche de l'éducation des jeunes gens. Hélas! nous n'entendrons plus cette parole si vive où éclataient la franchise et la générosité de votre cœur. Nous ne verrons plus votre bon et aimable sourire. Personne ne nous rendra plus ces charmantes causeries, où l'on apprenait à vous estimer, à vous aimer chaque jour davantage. Mais nous parlerons souvent de vous dans votre vieux collège, je vous l'assure; car trop de chers souvenirs y protègent votre mémoire.

NOTICES NÉCROLOGIQUES

ETC.

NOTICE NÉCROLOGIQUE

PUBLIÉE DANS LE JOURNAL *LE TEMPS* DU 1er DÉCEMBRE 1889

PAR M. MICHEL BRÉAL

DE L'INSTITUT

Une personnalité bien connue à Paris, et également aimée dans le monde des lettres, des arts, de la science, M. le marquis Auguste de Queux de Saint-Hilaire, vient de s'éteindre après une courte maladie, à l'âge de cinquante-deux ans. Quoiqu'il n'ait jamais voulu occuper aucune position officielle et qu'il ait toujours refusé les places en vue avec une dignité modeste et fière, sa mort laissera dans les régions les plus distinguées de notre société un vide difficile à combler. Partout où il y avait une cause généreuse à soutenir, un encouragement à donner au talent, une entreprise utile à fonder, on était sûr de trouver au premier rang de Queux de Saint-Hilaire. Qu'il s'agît du relèvement de la Grèce, pour laquelle il avait un attachement particulier, ou du moyen âge français; qu'il s'agît d'un artiste malheureux, ou d'un opéra à représenter, ou d'une exposition à organiser, on pensait aussitôt à lui et on rencontrait toujours son accueil chaud et cordial. Il prenait volontiers pour lui les tâches les plus ingrates et les plus laborieuses; ce que les autres refusaient, il mettait à s'en charger une bonne grâce tout aristocratique. Ce sont les fatigues de l'Exposition, où il était commissaire pour la Grèce et secrétaire pour le jury de la librairie, qui ont achevé d'épuiser sa santé.

Le moment n'est pas venu de raconter en détail cette vie si remplie et si noblement dépensée. Il laisse d'assez nombreux écrits, car il ne se contentait pas d'encourager les lettres, mais il les cultivait en amateur instruit et délicat. Il a publié les poésies d'Eustache Deschamps, traduit plusieurs des meilleures productions de la Grèce moderne, retracé la vie d'Egger et de Gustave d'Eichthal. Artiste dans l'âme, il connaissait à fond l'histoire du théâtre. Il était lié avec les compositeurs comme avec les poètes et les peintres. Une sorte d'instinct, qui le conduisait naturellement vers les sommets, l'avait fait devenir, étant encore au collège, l'ami de Lamartine et de Rossini. Étranger à tout ce qui est mesquin et bas, il ne voulait connaître de la vie que ses côtés élevés. Il avait en politique des opinions libérales, ce qui ne l'empêchait pas de conserver le respect et le culte du passé de la France. Pendant le siège, il s'était mis tout entier au service de la Défense, et il avait obtenu du suffrage populaire autant que de l'estime de ses chefs le commandement d'un bataillon. Une tendresse passionnée pour sa mère, qu'il n'avait jamais pu se résoudre à quitter, l'avait empêcher de se créer à lui-même une famille. Aussi emporte-t-il avec lui son nom; mais on peut dire qu'il a noblement fini sa race. Autant que notre époque le permettait, il a rappelé en ce qu'il avait de meilleur le type du gentilhomme français.

NOTICE NÉCROLOGIQUE

PUBLIÉE DANS LE JOURNAL *DES DÉBATS* DU 5 DÉCEMBRE 1889

PAR M. GASTON DESCHAMPS

MM. Croiset, au nom de l'Association pour l'encouragement des Études grecques; Longnon, au nom de la Société des Anciens Textes français; Paul Meyer, au nom de la Société de l'Histoire de France, ont dit mardi, au cimetière, ce que l'hellénisme et les études historiques ont perdu par la mort de M. le marquis Auguste de Queux de Saint-Hilaire.

L'éloquent enseignement de M. Paulin Paris, dont il fut un des auditeurs les plus assidus, éveilla de bonne heure en lui un goût très vif pour les études relatives au moyen âge. Il publia, en 1868, d'après trois manuscrits de notre Bibliothèque nationale et de la Bibliothèque de Bruxelles, le *Livre des cent ballades*, et plus tard les « Fables du très ancien Esope, mises en rithmes françaises par Gilles Corrozet ». Il donnait ses soins à une édition des œuvres d'Eustache Deschamps, dont six volumes ont paru. La littérature de l'ancienne France plaisait à son patriotisme et satisfaisait un amour du passé qui, chez lui, fut toujours très vif, sans jamais nuire au libéralisme de ses doctrines politiques.

Comme Firmin-Didot, comme Brunet de Presles, il étendit à la Grèce moderne son amour pour la Grèce antique; il fut à la fois un helléniste et un philhellène. De plus, il n'est pas étonnant qu'il ait mis un point d'honneur chevaleresque à prendre en main la cause d'une nation naissante qui a inquiété quelquefois les espérances de ses parrains. Sans être aveugle pour des défauts qu'il savait excuser et voir, il a toujours cru aux destinées d'un peuple qui, malgré tout, représente seul, en Orient, les intérêts de la culture intellectuelle. Il ne négligea aucune occasion de faire ressortir les efforts du peuple grec, de présenter au public, par des traductions et des extraits, les nouveaux écrivains de la Grèce. En 1871, de concert avec MM. Brunet de Presles, Gidel, Émile Legrand, Constantin Sathas, il s'occupa d'organiser à l'École des langues orientales vivantes, des conférences sur la langue et la littérature grecques modernes. Membre fondateur de l'Association pour l'encouragement des Études grecques, il publia, dans l'*Annuaire* de cette Société, de curieuses études sur les syllogues grecs en Orient et en Europe, sur le poète Alexandre Soutzo, sur la presse et le théâtre dans la Grèce moderne, sur les œuvres d'Anghélos Vlachos, et de nombreuses notices sur Brunet de Presles, Ambroise Firmin-Didot, l'helléniste anglais Georges Wyndham, Gustave d'Eichthal, etc. Il serait désirable que l'on réunît en volume, sous un titre commun, ces divers essais dont l'unité apparaît clairement. Il donna, dans la *Revue bleue*, la traduction de plusieurs nouvelles de Bikélas, et fit paraître à part des *Lettres inédites* de Coray, des *Poèmes inédits* de Jakovaky Rizos Néroulos, *Louki Laras*, de Bikélas, etc. Il accepta d'être commissaire pour la Grèce, à l'Exposition universelle. Le zèle qu'il mit à remplir ces fonctions a certainement hâté sa fin.

Sa vie a été remplie tout entière par ces fortes études et ces nobles passions. Ses connaissances étaient très diverses. Il était épris de tout ce qui touchait aux lettres et aux arts. Beaucoup d'écrivains et d'artistes ont éprouvé combien son goût était éclairé, combien sa bonté était obligeante. Il n'a jamais cru qu'il fût élégant d'être inutile; au rebours de bien d'autres, il n'a point pensé que son nom l'obligeât à l'ignorance et à la frivolité. Toutefois il mit une certaine fierté à rester à l'écart des fonctions publiques et des dignités officielles. On lui offrit, plusieurs fois, de grandes situations qu'il refusa constamment, sans ombre d'affectation, avec un bon goût qui décourageait les insistances.

Le seul honneur qu'il eût jamais accepté fut celui de commander, pendant la guerre, un bataillon de marche. La guerre finie, il ne voulut garder de ce passage dans l'armée que la satisfaction d'avoir fait son devoir et le souvenir d'une campagne qui, si l'issue en avait été heureuse, aurait donné à sa vaillance de mâles et austères plaisirs. Pour les nombreux amis que sa séduction avait attirés et retenus autour de lui, même pour ceux qui n'ont pas eu l'honneur d'entrer dans son intimité, le marquis de Saint-Hilaire restera le type achevé du gentilhomme français : il l'était pleinement par le désintéressement et la dignité de sa vie, par la bonne grâce de sa courtoisie infatigable, par son élégance morale, par l'aisance tout aristocratique de sa science et de sa vertu.

EXTRAIT

DE

« LA FRANCE PENDANT LA GUERRE DE CENT ANS » (1)

PAR M. SIMÉON LUCE

DE L'INSTITUT

...Les questions qui s'imposent à la critique au sujet de l'authenticité et de la pureté des textes en vers, transcrits dans le célèbre manuscrit de la Bibliothèque nationale... un profane comme nous ne peut que les poser, et notre savant ami M. le marquis de Queux de Saint-Hilaire, qui a déjà publié pour la Société des Anciens Textes les cinq premiers volumes d'une édition des œuvres complètes d'Eustache Deschamps, a seul qualité pour les résoudre.

Note. — Cet appel ne sera point, hélas! entendu par l'éditeur de Deschamps auquel nous l'adressions. M. le marquis de Queux de Saint-Hilaire est mort le 29 novembre 1889, à l'âge de cinquante-deux ans. Aux dons de l'intelligence, au savoir le plus varié, le regretté marquis joignait à un tel degré les plus rares qualités du cœur, que sa mémoire sera, de la part de toutes les personnes qui l'ont connu dans l'intimité, l'objet d'un véritable culte. Curieux de tout sans incompétence, poli sans affectation et sans banalité, mondain sans frivolité, bienfaisant sans ostentation, croyant sans intolérance, vertueux sans raideur, passant sa vie à rendre service aux autres avec une courtoisie si délicate et une si souveraine bonne grâce, que l'on eût dit qu'il était l'obligé de ceux-là mêmes auxquels il venait de tendre une main secourable, Auguste de Saint-Hilaire a été l'un des derniers types, et le plus séduisant peut-être, du parfait gentilhomme français.

(1) Voir page 259.

PRÉFACE DE M. GASTON PARIS

DE L'INSTITUT

Au sixième volume des *Œuvres complètes* d'EUSTACHE DESCHAMPS

En tête du troisième volume de cette édition d'Eustache Deschamps, le marquis de Queux de Saint-Hilaire consacrait à Paulin Paris quelques pages aussi délicates qu'émues. Il ne se proposait pas de donner, après d'autres, une notice complète de la vie de l'homme et des travaux du savant; il voulait seulement exprimer ses regrets, fixer quelques souvenirs personnels, et dire quels liens particuliers rattachaient à la grande publication qu'il avait entreprise celui qui avait demandé à en être le commissaire responsable. Héritier de mon père dans cette fonction comme dans son amitié pour l'éditeur de Deschamps, je viens à mon tour, et bien tristement, non pas écrire une biographie de l'homme d'esprit et de cœur dont la mort laisse en tant de lieux un vide difficile à combler, mais rappeler quelques traits de sa physionomie qui ont rapport à l'œuvre considérable qu'il laisse inachevée. Il a raconté lui-même, avec autant de vérité que de charme, comment il fut amené à se charger de cette lourde tâche par une suggestion souriante du président d'honneur de notre Société; elle aurait étonné bien des courages, mais elle ne rebuta pas le sien : il l'entreprit allègrement, il la poursuivit avec entrain, et trouva toujours que la satisfaction qu'elle lui donnait payait largement le temps et le travail qu'elle exigeait.

M. de Queux de Saint-Hilaire avait une curiosité, non pas universelle ni banale, mais éminemment intelligente et choisie. Les trois principaux objets sur lesquels elle s'exerça, pour des raisons diverses, furent l'histoire de la musique, la Grèce moderne et la littérature française de la fin du moyen âge. Ce qui l'attirait surtout vers ce dernier objet, c'était une affinité naturelle avec ce qu'eurent de noble, d'élégant et d'aimable la haute société d'alors et la poésie où elle s'amusa. Dans ce monde chevaleresque et poli que fait entrevoir à l'imagination le *Livre des Cent Ballades*, il se trouvait naturellement chez lui : aussi quel ne fut pas son plaisir quand il rencontra dans Deschamps (t. IV, p. 312) un Jehan de Queux, mentionné précisément en compagnie de plusieurs de ceux qui prirent part à ce galant tournoi poétique! En publiant le recueil des *Cent Ballades*, il y a vingt-deux ans, il déclarait l'adresser non aux savants, mais à « ceux des hommes du monde, plus nombreux qu'on ne le croit, qui conservent encore intacte cette fleur de chevalerie transmise avec des traditions de famille auxquelles on ose rarement forfaire,... à toutes les personnes qui, par la culture de leur esprit et par la distinction de leurs sentiments, s'intéressent aux questions historiques et morales ». Assurément, il était lui-même le type le plus achevé de ceux qu'il caractérisait ainsi, et toute la préface de cette première publication montre, avec la finesse et le tour aisé de sa plume, la délicatesse de son esprit et la charmante candeur de son âme.

Mais bien qu'il fût avant tout un homme du monde et qu'il essayât de faire comprendre le passé aux gens du monde parce qu'il croyait y trouver un idéal social qu'il était de leur honneur de connaître et, dans une certaine mesure, de ressusciter, il se rendait parfaitement compte que ce passé ne peut être exploré et reconstitué qu'à l'aide d'un travail sérieux, guidé par une méthode rigoureuse et appuyé sur une longue préparation. Il avait été initié à l'étude de la société et de la poésie du XIVe siècle par un ami plus âgé, qui est à la fois un homme du monde et un vrai savant, et il n'avait pu ne pas retirer d'excellentes habitudes de travail et de critique de la collaboration que le comte Albert de Circourt lui avait donnée pour son premier ouvrage et pour la publication de *Geta*, par laquelle il aborda Eustache Deschamps. Mais de son commerce avec lui et plus tard avec plusieurs érudits de profession, il avait surtout rapporté une défiance de lui-même poussée jusqu'à l'excès, et une modestie qui n'avait rien d'affecté et qui donnait un charme particulier à ses entretiens comme à ses écrits.

Cette modestie se montre déjà dans la préface du *Livre des Cent Ballades;* l'auteur ayant plus travaillé, l'accentua plus encore par la suite; c'est surtout comme éditeur de Deschamps qu'il éprouvait le besoin de la manifester. Plus il avançait dans la tâche immense qu'il s'était assignée, plus il en apercevait et apprenait à en surmonter toutes les difficultés, et plus il se méfiait de ses forces : « Je ne suis, disait-il dans la préface du tome III, qu'un simple amateur auquel manque l'éducation première qui ne s'acquiert qu'avec tant de peines. » A ce sixième tome, qu'il laisse d'ailleurs à peu près entièrement terminé, il voulait donner une préface où il aurait encore insisté sur ce qui, d'après lui, manquait à sa préparation scientifique. Il cherchait du moins, à force de bonne volonté et d'intelligence, à compenser cette lacune originaire; aussi chacun de ses volumes marquait-il, — personne ne peut le constater mieux que moi, — un progrès sur le précédent. Au début, il avait cru la besogne plus facile qu'elle ne l'est : reproduire un bon manuscrit, unique, et dont on possède une copie complète du siècle dernier, — en corriger çà et là les fautes, — donner en notes, pour rendre la lecture facile (il songeait toujours aux gens du monde), l'interprétation des mots vieillis, — expliquer à la fin de chaque volume, à l'aide des chroniqueurs, les circonstances dans lesquelles ont été composées les pièces d'un caractère historique et les allusions qu'elles contiennent, tout cela lui paraissait ne demander que du soin, de l'attention et quelques recherches. Mais au fait et au prendre il se convainquit qu'il avait entrepris une plus grosse partie qu'il ne croyait, et que pour apprécier l'étendue de son travail il ne suffisait pas de compter, — il avait compté 95.000 vers et n'avait pas été effrayé, — il fallait peser. Le manuscrit, œuvre du fantasque Raoul Tainguy, que nous a si bien fait connaître M. Siméon Luce, n'est pas aussi digne de confiance qu'il le semble au premier abord; il n'est pas aussi unique qu'on le croyait : bien des morceaux ont été retrouvés de côté et d'autre et demandent une comparaison critique; — la correction des fautes, qui ne sont pas très rares, n'est pas toujours aisée; — l'intelligence même des vers, souvent obscurs et entortillés, de Deschamps n'est nullement aussi facile qu'on était porté à le penser d'après les échantillons antérieurement publiés : rien que pour la séparation des mots, l'accentuation et surtout la ponctuation, dans une syntaxe trop sujette à l'incorrection et à l'inconséquence, l'éditeur voit à chaque page se poser devant lui une foule de petits problèmes parfois fort embarrassants; — le vocabulaire est d'une richesse qui a son prix, mais par là même il présente une masse de mots difficiles, beaucoup qu'on ne trouve pas ailleurs, et pour lesquels les gloses de Sainte-Palaye, faites un peu à l'aventure, peuvent égarer autant que guider; le dictionnaire de M. Godefroy se publiait en même temps que l'édition, et pour bien des mots, par la raison même qui vient d'être dite, n'offrait aucun éclaircissement : il devint vite évident qu'il aurait été plus prudent de renoncer à expliquer les mots en note à mesure qu'ils se présentaient et d'attendre au glossaire général, dussent les lecteurs, — peu nombreux, j'en ai peur, — des poésies d'Eustache être obligés de patienter; — enfin, le commentaire historique, dont le premier volume offrait un essai, révéla beaucoup plus d'exigences et de difficultés que ne l'avait prévu l'éditeur; aussi, renonçant au moins à cette partie de son plan primitif, il se décida à remettre ce commentaire à une époque ultérieure, où l'œuvre du poète champenois serait imprimée dans son entier, et où il serait plus facile de l'éclairer dans ses rapports avec l'histoire contemporaine, à l'aide non seulement des textes historiques proprement dits, mais encore des documents de tout genre que l'érudition moderne s'impose le devoir d'utiliser. Il remit aussi à la fin de la publication les remarques sur les noms propres de toute sorte, empruntés à la mythologie, à la légende, à l'histoire ancienne, à la littérature, qui figurent dans les vers de Deschamps, et qu'il est en effet plus commode et plus intéressant de rapprocher en une liste complète.

Ainsi allégée, l'œuvre n'en restait pas moins fort laborieuse. Notre aimable et consciencieux confrère n'y épargnait pas sa peine. Il passait de longues heures à la Bibliothèque nationale, à collationner d'abord la copie qu'il faisait faire, puis les épreuves, dont il demandait plusieurs l'une après l'autre et dont il gardait chacune longtemps pour la revoir; il s'appliquait à bien saisir dans tous les détails le sens des pièces qu'il imprimait pour les ponctuer d'une manière appropriée et leur donner un titre convenable (autre manière, à laquelle il tenait non sans raison, de faciliter la lecture): il fouillait les lexiques, trop souvent en vain, pour y trouver la valeur exacte des mots difficiles. Ce qu'il me fallait surtout admirer en lui, c'était la bonne grâce, et, si l'on me permet le mot, la docilité reconnaissante avec laquelle il s'efforçait de suivre les conseils qu'on se permettait de lui donner, et il acceptait les observations qui lui étaient faites, parfois, j'ai regret de l'avouer, avec quelque brusquerie. Une note, une brève indication, un point d'interrogation ou d'exclamation jeté sur une feuille d'épreuve le faisait reprendre son travail, réfléchir et chercher de nouveau, sans jamais montrer ni impatience ni ennui, remerciant toujours au contraire et demandant à son commissaire plus d'attention et de sévérité. Aussi avait-il fini par être beaucoup plus maître de la langue et du style de Deschamps qu'il ne l'était au début, et les observations qu'il réclamait, loin de s'accroître, devenaient avec chaque volume moins importantes et moins nombreuses.

Tout en menant de front bien d'autres travaux dont je n'ai pas à m'occuper ici, le marquis de Queux se préparait pour ses vieux jours, avec l'achèvement de son édition de Deschamps, une longue et douce occupation. L'impression des trois volumes de texte restants devait encore, d'après le temps moyen qu'il mettait à chacun, prendre sept ou huit années; puis viendrait le commentaire historique, repris à nouveau et traité cette fois avec toute l'ampleur, la circonspection et la précision désirables; puis l'index des noms propres, qui demanderait bien des recherches curieuses et amènerait bien des rapprochements intéressants; puis le glossaire général, où seraient revues, complétées et au besoin rectifiées les explications sommaires données en note; puis enfin, comme couronnement à cette grande œuvre, une étude d'ensemble sur la vie et la poésie d'Eustache. Cette longue perspective ne l'effrayait pas; sans préparer encore positivement l'exécution de cette tâche vaste et multiple, il sentait, en pénétrant de plus en plus dans l'intelligence de son sujet, qu'il devenait chaque année plus capable de l'exécuter, et il était bien résolu à faire, quand il le faudrait, tous les travaux qu'elle exigerait de lui. Il est mort, laissant les plus durables regrets à tous ceux qui l'ont connu, avant même d'avoir terminé cette partie préliminaire qui est l'impression du texte; mais ce qu'il a fait suffira pour attacher à tout jamais son nom à une des œuvres les plus laborieuses et les plus utiles qu'on pût exécuter dans le domaine de l'ancienne littérature française, à une de celles qui aideront le plus à reconstituer dans toute sa réalité cette vieille société qu'il aimait, dont il voyait peut-être les graves défauts avec un peu trop d'indulgence, mais qui lui avait légué à coup sûr ses plus nobles comme ses plus aimables qualités.

La Société des Anciens Textes se serait trouvée dans un cruel embarras, pour continuer cette importante publication, si elle n'avait eu la bonne fortune de posséder M. Gaston Raynaud, qui joint à une grande connaissance de notre ancienne poésie un véritable dévouement aux besognes les plus pénibles, du moment qu'elles sont scientifiques, et ce désintéressement, plus rare peut-être que tout autre, qui consiste à sacrifier son amour-propre à l'utilité générale. L'honneur d'avoir entrepris l'immense tâche d'une édition complète et commentée des œuvres de Deschamps pouvait compenser bien des peines et des ennuis pour le marquis de Queux de Saint-Hilaire; il y a peut-être plus de mérite encore pour M. Raynaud à se résoudre à la continuer et à la terminer sans en avoir eu l'initiative. La Société des Anciens Textes et le public qui s'intéresse aux études sérieuses de littérature et d'histoire uniront dans une même reconnaissance les noms de celui qui a conçu l'œuvre, qui en a tracé le plan et qui en a exécuté une bonne partie, et de celui auquel on en devra, nous l'espérons bien, le prompt et heureux achèvement.

Mars 1890.

EXTRAIT DES COMPTES RENDUS

DE LA SÉANCE

DU 23 NOVEMBRE V. S. (5 DÉCEMBRE 1889) DE LA CHAMBRE GRECQUE

M. G. Typaldo Kozakis, *député de Céphallénie.* — Hier on a reçu de Paris la nouvelle de la mort d'un ami distingué de la Grèce, le marquis de Queux de Saint-Hilaire. Je crois que nous devons à sa mémoire de prendre acte de cette perte dans la Chambre. Le marquis de Queux de Saint-Hilaire a été l'un des fondateurs de l'Association pour l'encouragement des études grecques en France. Il a rendu des services importants aux lettres grecques et il a ainsi contribué à répandre en France les sentiments qui y existent en faveur de la Grèce. Je suis certain que je me fais l'interprète du sentiment de tous nos collègues en proposant que nous exprimions nos regrets unanimes à cette triste occasion. (*Approbation générale.*)

M. Théodore Delyannis, *député de la Gortynie, ancien président du Conseil.* — Assurément, il n'y aura dans le pays que des sentiments de douleur à l'annonce de la mort d'un homme qui, durant toute sa vie, a donné tant de preuves de son dévouement aussi sincère que chaleureux à la cause grecque. On n'oublie pas ici que toutes les fois qu'il s'est agi de la Grèce, le marquis de Queux de Saint-Hilaire s'est toujours empressé de prendre sa défense, de soutenir par sa plume les intérêts de la Grèce, de se faire son avocat auprès des personnes de tous les partis, auprès de tous ceux qui exercent une influence sur l'opinion publique, afin de réveiller et de raviver le philhellénisme traditionnel de la noble et généreuse nation à laquelle il appartenait. (Oui, oui! *sur tous les bancs.*)

BIBLIOGRAPHIE

BIBLIOGRAPHIE

des publications du Marquis de Queux de Saint-Hilaire

1859. Thèse pour la licence présentée à la Faculté de droit de Paris, le 9 juin 1859. (Matières de la thèse soutenue le 9 juin 1859 par M. de Queux de Saint-Hilaire : *Droit romain :* De injusto, rupto, irrito facto testamento (Dig. liv. 28 tit. 3). — *Droit civil français :* De la capacité de disposer ou de recevoir, etc. — *Droit administratif :* Des dispositions à titre gratuit faites au profit des départements, communes, établissements d'utilité publique et associations religieuses Le diplôme du jeune licencié a été signé le 6 juillet 1859 par le ministre.) Paris. La cour, 18, rue Soufflot, 43 p.

1860. Discours prononcé à la séance publique annuelle de la Société académique, des Enfants d'Apollon, le 5 mai 1860. Paris, F. Malteste. In-8°, 15 p.

1861. De l'Influence du christianisme sur le droit pénal des Romains. Discours prononcé aux assises scientifiques tenues à Dunkerque (séance du 23 avril), par le marquis de Queux de Saint-Hilaire, *avocat à la Cour impériale de Paris.* Paris, imprimerie A.-E. Rochette. In-8°, p. 51.

1861. Essai historique sur le sujet d'Amphitryon, par le marquis de Queux de Saint-Hilaire. Dunkerque, typographie Benjamin Kien. rue Nationale, 26. In-8°, p. 43.

1861. Discours prononcé en séance publique de la Société académique des Enfants d'Apollon, le 9 mai 1861. Paris, Félix Malteste.

1862. Les Lois sur la noblesse et les gens de lettres au dix-septième siècle (dans *le Héraut d'armes*, Revue de la noblesse, 1er vol., p. 156-186).

1864. Les Fabulistes flamands et hollandais, antérieurs au XVIIIe siècle. (Extrait des Annales du comité flamand de France, tome VII.) Lille, imprimerie de Lefebvre-Ducrocq. In-8°, p. 55.

1866. Discours prononcé dans la séance publique annuelle des Enfants d'Apollon. Paris, F. Malteste. In-8°, 15 p.

1867. Une Tragédie grecque moderne. *Mérope*, par M. D. Bernardakis, dans la *Revue de Paris,* 20 novembre et 10 décembre, deux articles, 42 pages.

1868. Discours prononcé dans la séance annuelle de la Société académique des Enfants d'Apollon. Paris, F. Malteste. In-8°, p. 36.

1868. Le Livre des Cent Ballades, contenant des conseils à un chevalier pour aimer loialement et les responses aux ballades, publié d'après trois manuscrits de la Bibliothèque impériale de Paris et de la Bibliothèque de Bourgogne de Bruxelles, avec une introduction, des notes historiques et un glossaire. Paris, E. Maillet. In-8°, p. MDCCC et 282.

1869. Rossini, par XXX, dans la *Revue de Paris,* 1er février. 29 p.

1869. De l'Étude et de l'Enseignement du grec dans les Pays Scandinaves, Lettre à M. Brunet de Presles, *Revue de Paris,* 15 juin. 21 pages.

1870. Lettre à M. Adolphe Blanc, membre de la Société académique des Enfants d'Apollon, sur la musique de chambre. Paris, Jouaust (tiré sur papier Whatman à cent exemplaires et non mis dans le commerce). In-8°, p. 31.

1870. Notice sur les Κοραχιστικά de Rizos Neroulos (dans le IVe Annuaire de l'Association des Études grecques, p. 56-94).

1870. Notice sur une comédie grecque moderne intitulée Γυναικοκρατία de M. Byzantios (dans les Mémoires de la Société dunkerquoise, t. XV, p. 80).

1871. La Presse dans la Grèce moderne depuis l'indépendance jusqu'en 1871. (Extrait de l'Annuaire de l'Association des Études grecques, année 1871.) Paris, imprimerie Adolphe Lainé. In-8°, p. 38.

1871. Adieux à l'Italie de Rizos Néroulos, publiés avec une préface (dans le Ve Annuaire de l'Association des Études grecques, p. 243-250).

1872. Le traicté de Getta et d'Amphitryon, poème traduit du latin de Vital de Blois, par Eustache Deschamps et publié pour la première fois avec introduction et notes.) Paris, librairie des Bibliophiles. In-18, p. 60.

1872. Un Essai de théâtre national dans la Grèce moderne. (Extrait de l'Annuaire de l'Association pour l'encouragement des Études grecques en France, année 1872. (Paris, imprimerie G. Chamerot. In-8°, p. 15.

1873. Des Traductions et Imitations en grec moderne (dans le VIIe Annuaire de l'Association des Études grecques, p. 330-357).

1873. Discours prononcé à la séance publique annuelle de la Société académique des Enfants d'Apollon. Paris, F. Malteste. In-8°, p. 17.

1874. Notice sur la vie et les œuvres de M. E. Gatteaux, membre de l'Institut, doyen de la Société des Enfants d'Apollon, pour le 60e anniversaire de sa réception. Paris, F. Malteste. In-8°, 14 p.

1874. Notice des principales publications grecques faites en Orient et en France pendant l'année 1874-1875 (dans le IXe Annuaire de l'Association des Études grecques, p. 373-390).

1874. Le Livre des Cent Ballades, etc. *Complément.* Paris, Maillet et Cie, p. XXIV et 17.

1875. Littérature dramatique de la Grèce moderne. — Notice sur la comédie intitulée *la Tour de Babel,* ou la Corruption de la langue grecque dans les différents pays de la Grèce , comédie en cinq actes, de M. D. K. Byyantios.(Extrait des Mémoires de la Société dunkerquoise, t. XIX.) Dunkerque, typographie Ve B. Kien. In-8°, p. 34.

1875. Alexandre Soutzos, le poète national de la Grèce moderne, sa vie et ses œuvres. (Extrait de l'Annuaire de l'Association pour l'encouragement des Études grecques en France, année 1874.) Paris, typ. G. Chamerot. In-8°, p. 34.

1875. Notice sur M. Brunet de Presles, membre de l'Institut, Académie des Inscriptions et Belles-Lettres. (Extrait de l'Annuaire de l'Association pour l'encouragement des Études grecques en France. année 1875.) Paris, typ. G. Chamerot. In-8°, p. 31.

1875. Notice sur la vie et les ouvrages de M. Louis-Marie Normand, graveur en taille-douce, membre de la Société académique des Enfants d'Apollon. Paris. F. Malteste. In-8°, p. 12.

1876. Prosper Mérimée, *Mateo Falcone*, publié d'après le manuscrit autographe de l'auteur (avec préface du marquis de Queux de Saint-Hilaire). Paris. Charpentier (tiré à cent exemplaires), p. VIII et 19.

1876. Notice sur M. Duquerre, secrétaire général de la Société académique des Enfants d'Apollon. Paris, F. Malteste. In-8°, p. 12.

1876. Notice sur les services rendus à la Grèce par M. Ambroise Firmin-Didot, membre de l'Institut. Extrait de l'Annuaire de l'Association des Études grecques. In-8°. p. 36.

1876. Notice sur M. George Wyndham. (Extrait de l'Annuaire de l'Association pour l'enseignement des Études grecques en France. année 1876.) Paris, typ. G. Chamerot. In-8°. p. 19.

1876. Ἰακωβάκη Ῥίζου Νερουλοῦ ἀνέκδοτα ποιημάτια, ἐκδοθέντα ὑπὸ τοῦ Marquis de Queux de Saint-Hilaire, ἱππότου τοῦ Ἑλλ. Τάγματος τοῦ Σωτῆρος. Ἐν Παρισίοις, ἐκ τῆς τυπογραφίας τοῦ Chamerot, ἐν τῇ ὁδῷ τῶν Ἁγίων Πατέρων, ἀρ. 19. In-8°. p. 51.

1877. Nicolas Machiavel et les écrivains grecs. (Extrait de l'Annuaire de l'Associa des Études grecques.) Paris, typographie G. Chamerot. In-8°. p. 19.

1878. Nouvelles Lettres françaises inédites de Coray, adressées à M. P. Prévost de Genève. publiées par le marquis de Queux de Saint-Hilaire. (Extrait de l'Annuaire de l'Association des Études grecques.) Paris. G. Chamerot. In-8°. p. 30.

1878. Des syllogues grecs en Orient et en Europe et du progrès des études littéraires dans la Grèce de nos jours. (Extrait de l'Annuaire de l'Association pour l'encouragement des Études grecques en France. année 1877.) Paris, Typ. G. Chamerot. In-8°. p. 38.

1878. Discours prononcé en prenant la présidence de la Société académique des Enfants d'Apollon. le 13 janvier 1878. Paris, F. Malteste. In-8°. p. 11.

1878. (Les Pays étrangers à l'Exposition de 1878.) La Grèce et l'Exposition de 1878. Paris, librairie Ch. Delagrave. In-12, p. 271.

1878. Œuvres complètes d'Eustache Deschamps, publiées d'après le manuscrit de la Bibliothèque nationale. (Société des Anciens Textes français.) Paris, librairie Firmin-Didot et Cie, vol· Ier, p. XIV et 414.

1879. Louki Laras, par D. Bikélas, traduit du grec. Paris, Calmann Lévy, éditeur. In-12, p. VII, 299.

1879. Discours prononcé à la séance annuelle de la Société académique des Enfants d'Apollon. Paris, F. Malteste. In-8°, p. 17.

1880. Œuvres complètes d'Eustache Deschamps. Vol. II, p. LXXVI et 379.

1880. Notice sur M. Léon Mélas (dans le XIVe Annuaire de l'Association des Études grecques, p. 321-324.)

1880. Lettres de Coray au protopsalte de Smyrne, Dimitrios Lotos, sur les événements de la Révolution française (1782-1793), traduites du grec pour la première fois. Paris, Firmin-Didot et Cie. In-8°, p. XXI et 275.

1880. Le premier texte des lettres de Mme de Sévigné. Réimpression de l'édition de 1725, publiée par le marquis de Queux de Saint-Hilaire. In-16. Librairie des Bibliophiles. Jouaust. (Forme le n° 26 du Cabinet du Bibliophile).

1881. Homère dans le moyen âge occidental. Extrait de l'Annuaire de l'Association pour l'encouragement des Études grecques en France, année 1880. Paris G. Chamerot. In-8°. p. 21.

1882. Œuvres complètes d'Eustache Deschamps. Vol. III, p. XXI et 409.

1882. Les Fables du très ancien Esope, mises en rithme française par Gilles Corrozet, publiées par le marquis de Queux de Saint-Hilaire. Paris, librairie des Bibliophiles. In-18. t. VII et p. 279.

1883. Notice sur Aristote Valaoritis, sa vie et ses œuvres. Tirage à cinquante exemplaires, non mis dans le commerce, p. XCI, in-16. (Cette notice est en tête du Ier vol. des Œuvres de Valaoritis, trad. par J. Blancard. Paris, Ernest Leroux, 1883.)

1884. Œuvres complètes d'Eustache Deschamps, vol. IV, p. 380.

1884. Discours prononcé à l'assemblée générale de l'Association pour l'encouragement des Études grecques en France (du 17 avril 1884), par le marquis de Queux de Saint-Hilaire, président. (V. l'Annuaire de 1884, p. LIX-LXXVII.)

1884. Coumoundouros. Souvenirs personnels, par D. Bikélas. Traduit du grec. (Extrait de la *Revue du Monde latin* du 25 décembre 1883.) Montpellier, imprimerie du Midi. In-8°, p. 15.

1885. La Poésie contemporaine en Grèce. M. D. Bikélas (dans *le Monde poétique*, Revue de poésie universelle, 2e année, n° 5, 10 mai 1885).

1866. Discours prononcé à l'assemblée générale de l'Association pour l'encouragement des Études grecques en France par M. de Queux de Saint-Hilaire, remplaçant le président malade et les vice-présidents empêchés. (Dans l'Annuaire de l'Association, p. LX-LXXVIII.)

1886. Discours prononcé à l'inauguration du monument élevé à la mémoire de M. Egger (dans le XXe Annuaire de l'Association des Études grecques).

1886. Notice sur M. Émile Egger, membre de l'Institut, Académie des Inscriptions et Belles-Lettres. (Extrait de l'Annuaire de l'Association pour l'encouragement des Études grecques en France, année 1885.) Le Puy, imp. Marchessou. In-8°, p. 59.

1886. Lettre inédite de Coray à Chardon de la Rochette et lettres inédites du même à Koumas, traduites du grec (dans le XXe Annuaire de l'Association des Études grecques, p. 77-87).

1887. Notice biographique sur le colonel d'artillerie Édouard Dusaërt. Hazebrouck. In-18, p. 8.

1887. Allocution de M. le marquis de Saint-Hilaire, ancien président, remplaçant le président absent et les vice-présidents empêchés. (Annuaire de l'Association des Études grecques. 21e année, p. LVII-LXIX.)

1887. Notice sur les services rendus à la Grèce et aux études grecques par M. Gustave d'Eichthal (XXIe Annuaire de l'Association des Études grecques), p. 1-103.

1887. Œuvres complètes d'Eustache Deschamps. V^e vol.

1887. La jeune poésie en Grèce. M. Georges Drossinis. (Dans *le Monde poétique*. Revue de poésie universelle, quatrième année, n° 3. mars 1887.)

1887. D. Bikélas. Nouvelles grecques. traduites par le marquis de Queux de Saint-Hilaire. [La Sœur Laide, Philippe Marthas, L'Enragé, Le Papas Narkissos, Un Souvenir, chez l'Oculiste, Le Cap des Deux Frères.] Paris. Firmin-Didot et Cie. p. V et 313.

1889. Notice sur la vie et les travaux de M. Emm. Miller, membre de l'Institut. Dans la *Revue des Études grecques*, année 1888, et en tête du vol. « Le mont Athos, Vatopédi. l'île de Thasos », par E. Miller. Paris. Ernest Leroux, 1889. In-8°. p. I-XCIII.

TYPOGRAPHIE FIRMIN-DIDOT. — MESNIL (EURE).

www.ingramcontent.com/pod-product-compliance
Ingram Content Group UK Ltd.
Pitfield, Milton Keynes, MK11 3LW, UK
UKHW021625260726
13994UKWH00003B/1084

9 782329 444291